KHALIL GIBRAN

DER PROPHET

KHALIL GIBRAN

DER PROPHET

DIE KUNST DES FRIEDENS

evergreen

EVERGREEN is an imprint of
TASCHEN GmbH

Hohenzollernring 53, D-50672 Köln
www.taschen.com

Originaltitel: Kahlil Gibran's *The Prophet* and The Art of Peace

Übersetzung der Einleitung ins Deutsche: Tim Caspar Boehme, Berlin

Design: Justin Ford
Bildrecherche: Julia Ruxton
Graphik: Daniel Sturges

ISBN 978-3-8365-0257-3

Printed in China

Über den Autor der Einleitung
Zusammen mit Suheil Bushrui hat Joe Jenkins eine Gibran-Biographie verfasst mit dem Titel *Kahlil Gibran: Man and Poet* (1998). Er war Mitglied des Kahlil Gibran Research and Studies Project an der University of Maryland.

Umschlagvorderseite: Offene Hand, traditionelles Symbol für Wissen, Schutz und Frieden.
Seite 2: Das Mittel-Medaillon des Ardabil-Teppichs, Iran, 16. Jahrhundert (Victoria and Albert Museum/V&A Images, London).

Inhalt

EINLEITUNG

Die zeitlos gültige Weisheit Khalil Gibrans 6

Der Prophet 24

Der Garten des Propheten 150

AUSGEWÄHLTE WERKE 190

Der Narr 192

Der Vorbote 220

Sand und Schaum 240

Der Wanderer 258

ZEITTAFEL 266

WEITERFÜHRENDE LITERATUR 267

REGISTER 269

DANKSAGUNG UND FOTONACHWEIS 271

Einleitung
Die zeitlos gültige Weisheit Khalil Gibrans

Khalil Gibran kam als Schriftsteller in zwei völlig verschiedenen Kulturen zu hohem Ansehen und Ruhm. Einerseits wirkte er in der arabischen Literatur als befreiende Kraft, andererseits wurde er ebenso zu einem der meistgelesenen Autoren der von ihm angenommenen englischen Sprache. Charakteristisch für sein Werk ist ein Flair von alter Weisheit und Mystik, weshalb manch ein Leser überrascht ist, wenn er herausfindet, dass Gibran in der Zeit von 1912 bis 1931 in New York lebte. Während seines vergleichsweise kurzen Lebens von 1883 bis 1931 wurde er von Millionen Menschen arabischer Sprache als Genie seiner Zeit betrachtet. Im Westen verglich man sein Werk mit Dante, Blake und Rodin.[1] Seine Popularität als arabischer Schriftsteller war hier beispiellos. *Der Prophet* gilt heute als eines der bedeutendsten Gedichte der neueren Zeit.

Eine libanesische Kindheit

Gibran Khalil Gibran, bekannt unter dem Namen Khalil Gibran, wurde am 6. Januar 1883 im Norden Libanons geboren. Sein Geburtsort Becharré liegt auf einem kleinen Felsplateau am Rand des Libanon-Gebirges. Unterhalb des Dorfs erstreckt sich der berühmte alte Zedernhain von Wadi Qadisha, dem heiligen Tal, dessen Zedern durch die Geschichte hindurch sowohl Symbol als auch Quelle des Lebens waren. Die Pharaonen verwendeten die Bäume für die Einrichtung ihrer Gräber, und König Salomon baute damit seinen Tempel in Jerusalem. Die Phönizier stellten aus den mächtigen Bäumen große Seeschiffe her und brachten der „Welt der Barbaren“ Gewebe, Purpurfarbe, Glas und das phonetische Alphabet.

Osmanischer Wandbehang aus Leinen mit Seidenstickerei, 16. Jahrhundert. Die Osmanen waren die Herrscher über Gibrans libanesische Heimat.

Gibrans Vater Khalil, dessen Namen das Kind nach arabischem Brauch als zweiten Vornamen erbte, war Steuereintreiber. Seine Mutter Kamileh Rahmeh war die Tochter eines maronitischen Priesters. In der Abgeschiedenheit der Bergregion hatten die maronitischen Christen ihre Liturgie beibehalten, die sie auf Aramäisch, der Sprache Jesu, feierten. Die Legenden um den Heiligen Maron und die vielen Mystiker, die in den Bergen gelebt hatten, waren für den jungen Gibran geradezu mit Händen zu greifen, als er in verborgenen Höhlen, geheimnisvollen Grotten, Klöstern und Tempeln spielte, die man aus dem Fels des Libanon-Gebirges gehauen hatte.

Kamileh und ihr Gatte zogen ihre Kinder im Schatten des großen Gebirges auf. Auch wenn das Leben dort hart war, so war es keinesfalls unerträglich. Die robusten und findigen Dorfbewohner verdienten sich mit Hilfe des kargen Erdbodens, den der tiefe Winterschnee übrig ließ, mühsam ihren Lebensunterhalt. Eine Generation zuvor jedoch war das Land in einen grausamen Bürgerkrieg getrieben worden, der einen weit entsetzlicheren Schatten auf die Seelen und das Gedächtnis der Menschen im Libanon geworfen hatte.[2]

Als das Osmanische Reich schwächer zu werden drohte, wuchs die Furcht vor einer ausländischen Intervention. Es kam zum Ausbruch religiös motivierter Gewalt. Im Jahre 1860 wurden Tausende von Christen in nur vier Wochen massakriert. Bis dahin hatten zahlreiche Glaubensgruppen, darunter Chaldäer, griechische und syrische Katholiken, Griechisch-Orthodoxe und Syrisch-Orthodoxe, armenische, assyrische, jakobitische, maronitische und nestorianische Christen, Schiiten, Sunniten und Drusen sowie Juden in einer Region zusammen gelebt, die vermutlich mehr als irgendeine andere ein Treffpunkt von Ost und West war. Die Unruhe, die durch diese Explosion der Gewalt entstand, hinterließ im Bewusstsein der Menschen des Libanon tiefe Narben. In dieser Phase gegenseitiger Vernichtung besannen sich die Dorfbewohner von Becharré auf ihren alten Überlebensinstinkt und zogen sich in die uneinnehmbare Festung des Gebirges zurück. Obwohl Gibrans unmittelbare Verwandtschaft dem Blutvergießen entkommen war, wurde er zeit seines Lebens von quälenden Erinnerungen verfolgt.[3]

Ebenso wenig vergaß er die dramatische Schönheit der Orte aus seiner Kindheit, die mit Beginn seines Exils im Jahre 1894 Gegenstand seiner Sehnsucht und beständige Inspirationsquelle wurde. Ein Vater, der sein

Einkommen verschwendet hatte, und eine Mutter, die darauf bedacht war, ihren Kindern eine bessere Zukunft zu bieten, waren die Ursachen für dieses Exil. Schon viele libanesische Familien vor Kamileh, die der Armut und gruppenbezogener oder religiöser Unterdrückung entkommen wollten, hatten sich mit ihren Angehörigen aufgemacht und waren nach Amerika gesegelt. Bestärkt wurden sie in ihrem Entschluss durch eine alte Tradition namens *al-mahjar* – auf der Suche nach einem besseren Leben zog man in die Stadt, dem Ort von Wohlstand und Hoffnung.

Heranwachsen im Exil

Trotz des Elends in Bostons Chinatown mit ihren überfüllten Mietshäusern in den 1890er Jahren war Kamileh fest entschlossen, die künstlerische Begabung ihres Sohns zu fördern. Diese war auch außerhalb des engen Familienkreises offenkundig geworden, als man ihn mit fünfzehn Jahren dazu ausersehen hatte, den Einband einer Ausgabe von *Omar Khayyam, der Zeltmacher* zu illustrieren. Der junge Künstler war zu einer günstigen Zeit in Boston. Die Wohltätigkeitsvereine der Stadt hatten erkannt, dass man sich um die Armen kümmern müsse, und kurz zuvor damit begonnen, *settlement houses* einzurichten, die von Sozialarbeitern geleitet wurden. In einem dieser Häuser wurde im Jahre 1896 ein Kunstlehrer auf Gibrans Zeichnungen aufmerksam.

Die Nachricht sprach sich herum, und bald darauf fand sich der Jüngling in der Bostoner Boheme wieder. Durch sein vorzügliches Benehmen, sein gutes Aussehen und sein einzigartiges Talent machte sich der ungewöhnliche „Straßenfakir"[4] in den Intellektuellen- und Künstlerkreisen der Stadt beliebt. Bildlich gesprochen hatte er den Übergang nach „Brahmin Boston" (Wohnviertel der Bostoner Oberklasse, Anm. d. Übersetzers) passiert, wo mit der Boston Public Library unlängst ein kulturelles Vorzeigeobjekt inmitten einer Atmosphäre eröffnet worden war, die noch immer von den transzendentalistischen Tönen vibrierte, die Ralph Waldo Emerson, ein Kind der Stadt, einst angeschlagen hatte. Die Enklaven der Avantgarde rebellierten zu dieser Zeit gegen die Rührseligkeit des „miesen kleinen Endes des Jahrhunderts"[5] und versuchten sich – vor der Kulisse von türkischen Teppichen, Jadeschalen, Wasserpfeifen, spitzen Pantoffeln und Maeterlincks neoplatonistischen Grübeleien über Tod und vorherbestimmte Liebe – an Exotika, Spiritualität und Orientalismus.[6]

Im Jahre 1904 hatte Gibran seine erste Ausstellung. Unter den vielen Bewunderern, die sich die „schwere Schönheit und hohe Gesinnung seiner Kunst“[7] (so die Zeitung *Boston Evening Transcript*) ansahen, war auch Mary Haskell, eine fortschrittliche Schulleiterin aus South Carolina. Als sie Gibran zum ersten Mal begegnete, fand sie ihn „elektrisierend … unstet wie eine Flamme … mit sichtbarem *Puls*“.[8]

Während seiner frühen Jahre in Boston, in denen Gibran mit ansehen musste, wie seine Schwester und sein Bruder an Tuberkulose und seine Mutter an Krebs starben, war es sein „Schutzengel“[9] Mary Haskell, die ihn tröstete und beruhigte, dass er „kein Fremder in einem fremden Land“[10] sei. Er sollte ihr später einmal schreiben: „In meinem Leben haben mir drei Dinge am meisten geholfen: meine Mutter, die mich in Ruhe ließ, Du, die an mich und mein Werk glaubte, und mein Vater, der den Kämpfer in mir herausforderte.“[11]

Der Schriftsteller tritt hervor

Mary spielte für Gibrans schriftstellerische Entwicklung eine derart entscheidende Rolle, dass Biographen hin und wieder zu der Feststellung gelangten, hier seien zwei Schicksale miteinander verwoben worden. Es sollte zwar noch viele Jahre dauern, bis die Dichtung und Kunst ihres Schützlings anerkannt wurden, dennoch schwankte sie niemals in ihrem Glauben an das „syrische Genie“ oder in ihrer Großzügigkeit ihm gegenüber.[12] Ihre Beziehung war von einer intellektuellen und zutiefst emotionalen „Seelenverwandtschaft“ bestimmt, und obwohl es nicht immer ganz einfach war, blieb Mary ihm bis an sein Lebensende eine treue Freundin.

Im Jahre 1908 immatrikulierte sich Gibran mit der Unterstützung Marys an der École des Beaux-Arts und der Académie Julian in Paris, der „Stadt des Lichts“, wie er die französische Metropole nannte.[13] Nach seinen Studien saß er im Quartier Latin, wo er den Zeitgeist in sich aufsog und nächtelange Diskussionen über Fauvismus, Rodin, die Revolution, Tolstoi, den Kubismus oder Nietzsche führte, dessen *Also sprach Zarathustra* das literarische Empfinden der Zeit revolutionierte. Für Gibran war Nietzsche von größter Bedeutung, da er es gewagt hatte, die herausragende Gestalt eines orientalischen Propheten zu seinem Sprachrohr zu machen.[14]

Nach seiner Rückkehr aus Paris kam ihm Boston provinziell vor. Mary sorgte deshalb dafür, dass er nach New York zog, wo er sich in seiner „Einsiedlerklause" in der 51 West Tenth Street im Greenwich Village niederließ. Dort arbeitete er bis ans Ende seines Lebens, um seine doppelte Kunstfertigkeit mit zermürbender Routine zu vervollkommnen, oft bis zum Tagesanbruch – gestärkt durch Kaffee und Zigaretten, später auch Alkohol. Mary schrieb er: „Anscheinend wurde ich mit einem Pfeil im Herzen geboren, und es ist ebenso schmerzhaft, *ihn herauszuziehen*, wie *ihn stecken zu lassen*."[15]

Der Ausbruch des Kriegs in Europa im Jahre 1914 schürte die Sorge um sein Heimatland, und so unterstützte er den Aufbau eines Hilfskomitees zur Bekämpfung der Hungersnot, die den Libanon heimsuchte. In seinem „Offenen Brief an den Islam" forderte er die verschiedenen Sekten in den von den Osmanen besetzten Ländern dazu auf, ihre mörderischen Kämpfe zu beenden. In dieser Zeit begann man in der arabischen Welt, Gibrans Schriften in großem Umfang zu veröffentlichen. Seine Werke aus den Jahren 1912 bis 1918 wurden in einer Anthologie mit dem Titel *Al-'Awasif* (*Die Stürme*) zusammengefasst. Wie Peitschenhiebe wirken seine Worte, mit denen der Dichter in diesen Texten religiösen Fundamentalismus, Frauenfeindlichkeit, Unterdrückung und Ungleichheit geißelt. Seine Helden sind die *fellahin*, die Geknechteten und Unterdrückten, die allen Widrigkeiten zum Trotz die Botschaft von Frieden und Gerechtigkeit verkünden. Sein rousseauhafter Glaube an die angeborene Güte einer befreiten Menschheit, den er mit einer bislang einzigartigen Deutung der christlichen Botschaft verknüpfte, hatte ihn dazu bewogen, in *'Ara'is al-Murug* (*Die Nymphen der Täler*, 1906) und *Al-Arwah al-Mutamarrida* (*Rebellische Geister*, 1908) zu einem radikalen Angriff auf Kirche und Staat auszuholen. Attacken dieser Art stellten die höchste Form der Unbotmäßigkeit dar, sodass Gibran geschmäht und als Ketzer verurteilt wurde. Seine Bücher wurden in Beirut öffentlich verbrannt, und die maronitische Kirche exkommunizierte ihn.[16] Gleichwohl bewirkte seine große Popularität, dass sowohl seine Leser als auch die Literaturkritiker ihm als dem führenden Schriftsteller der arabischen Gegenwartsliteratur ihre Anerkennung zollten. Seine Werke hatten eine Renaissance arabischer Schöpferkraft eingeleitet, vergleichbar jener „Rebellion" in England, als Blake, Wordsworth und Shelley ein Jahrhundert zuvor angetreten waren, die Literatur als innere Suche und prometheisches Streben zu erkunden.[17]

Die Entfremdung, die in Gibrans Werken so äußerst beredt thematisiert wird, erhielt nicht nur eine geographische Ausrichtung, sie wurde auch zum Ausdruck einer Seele, die in das verderbte Reich der Materie hinab gestiegen ist. Sein Zorn richtete sich dabei nicht nur gegen die ungerechtfertigten Anwürfe in seinem Heimatland, sondern auch gegen den allgemein beschädigten Ruf eines geistigen Emigranten im „Herzen der Finsternis".[18]

Die Allgemeingültigkeit dieser Überzeugungen fand ihren Nachhall in der Öffentlichkeit, und so erschien zum Ende des Krieges *Der Narr*. In diesen fünfunddreißig Prosa-Gedichten und Parabeln führt er sein Thema fort, dass die Welt von „neuen Primitiven" geschändet wird, die fest entschlossen sind, die Freiheit zu „einem blassen Gespenst" verkommen zu lassen.[19] Wie bei Shakespeare, Blake oder den Sufis verwendet Gibran die Gestalt des „Narren" als Sprachrohr. Dieser inspirierte Dichter-Seher führt den Leser mit Ironie und Paradoxie vom Sichtbaren zum Unsichtbaren, von der Unwahrheit zur Wahrheit.

Der Narr zeigt unverkennbar die Tendenz zur Aufgabe vorgegebener Werte, die den Menschen daran hindern, sein „größeres Selbst" zu verwirklichen. Der Lehre der Sufis nach besitzt der Mensch nämlich weder ein festgelegtes Wesen noch bildet er eine Einheit, sondern besteht nur aus Masken. In „Die sieben Ich" (siehe S. 196) lehnen sich verschiedene Charaktere gegen den „Narren" auf, der ungeachtet des Chaos weiter wacht. Denn er, der Narr, weiß von der Existenz des „größeren Selbst". In „Die größere See" (siehe S. 206), die er von der „großen See" unterscheidet, begegnet er „Pessimisten", „Optimisten", „Philanthropen", „Mystikern", „Idealisten", „Realisten" und schließlich „Puritanern", den „übelsten von allen". Der Narr will „nackt", also frei von jeglichem Urteil, in der großen See „baden", fernab des Strandes, an dem auf Einzelheiten Versessene tote Fische auflesen, Salz ins Meer werfen, Schatten im Sand folgen oder Schaum abschöpfen, dieweil ihr „Kopf in den Sand eingegraben" ist.[20] In „Der Astronom" (siehe S. 210) vollzieht ein anderer Narr mit einer Reise nach innen den Wechsel von der Vielheit hin zur Einheit: „Dann wies er mit der Hand auf seine Brust und sagte: ‚Ich beobachte all diese Sonnen, Monde und Sterne.'"[21]

Angesichts dessen, was die Welt kaum zuvor während ihrer vierjährigen Orgie gegenseitiger Vernichtung durchgemacht hatte, kam *Der Narr* zur richtigen Zeit, um sich der westlichen Welt vorzustellen. Das Buch schlug sofort ein und wurde noch im ersten Jahr seiner Veröffentlichung ins Französische, Italienische und Russische übersetzt.

Zeitschriften von damals zeigen einen zierlichen Mann, manchmal in Derwisch-Gewänder mit Farbspritzern gehüllt, dann wieder im schlichten irischen Anzug oder aber wie ein kultivierter Franzose gekleidet. Gibran war ein vollendeter Schöpfer, davon überzeugt, dass „es nichts Ermüdenderes als Faulheit" gibt, der nur in seinem Werk (in seiner „sichtbar gewordenen Liebe") frei sein konnte. So veröffentlichte Gibran im Jahre 1920 mit *Der Vorbote. Gleichnisse und Gedichte* eine weitere Sammlung von Parabeln, in der er abermals auf Narrengestalten wie den „Königlichen Einsiedler" (siehe S. 226) als sein Sprachrohr zurückgriff.[22]

In *Der Vorbote* widmet sich Gibran dem sufitischen Gedanken des *schawq*, dem Sehnen des Menschen nach dem Göttlichen und seinem Weg dorthin.[23] Da er ein „Narr" ist, kann der Einsiedler-König nicht länger Herrscher über jene sein, die seine Laster übernommen haben und ihm zugleich ihre Tugenden zuschreiben. Er verlässt also die Stadt mit ihrem Geschrei und ihrer Zweideutigkeit und bricht auf in den Wald und in die Einheit. Das Motiv des Wegs zur Einheit wird in „Aus der Tiefe meines Herzens" (siehe S. 230) wieder aufgenommen, als ein Vogel aus dem Herzen des Vorboten fliegt: „Höher und höher schwang er sich empor und wurde dabei zusehends größer. Doch er verließ mein Herz nicht."[24] Die abschließende Parabel, „Die letzte Wache" (siehe S. 234), befasst sich mit der Rezeption des *Vorboten*. Gibran hatte Mary Haskell erzählt, dass in diesem Stück „eine Verheißung" liege. Denn während der Schluss von *Der Narr* äußerst bitter ist, endet *Der Vorbote* an der lieblichsten Stelle, wenn es von ihm heißt, dass er „sich selbst als das Echo einer noch nicht vernommenen Stimme bezeichnet".[25]

Als die „letzte Wache" abgeschlossen war und die Dunkelheit des Krieges wich, bemerkte Gibran, wie um ihn herum eine neue Welt geboren wurde. Nach dem Ende des Krieges hatte er an Mary geschrieben: „[A] us dem dunklen Nebel wurde eine neue Welt geboren ... Die Luft ist erfüllt von Klängen rauschenden Wassers und dem Schlagen mächtiger Flügel. Die Stimme Gottes ist im Wind."[26] Mit siebenunddreißig Jahren war Gibran, angetrieben von seinem leidenschaftlichen Glauben an die Einheit des Seins, endlich bereit, sein früheres Versprechen einzulösen:

„Ich bin in diese Welt gekommen, um ein Wort zu sagen, und ich werde es aussprechen ... Was ich jetzt mit einer Zunge sage, werden in Zukunft tausend Zungen verkünden."[27] Der Vorbote wartete wie sein Schöpfer auf den, „der sich selbst als das Echo einer noch nicht vernommenen Stimme bezeichnet".

Die Geburt des Propheten

Drei Jahre zuvor hatte Gibran an Mary über dieses „Echo" geschrieben: „Dieser Prophet hatte mich schon ‚geschrieben', bevor ich überhaupt versuchte, ihn zu ‚schreiben', er hatte mich erschaffen, bevor ich ihn erschuf. Seit ich sechzehn war, hatte ich nach dem *Propheten* gesucht. Nun werde ich mir seiner Wahrheiten bewusst. Er ist die Frucht meines ganzen Lebens."[28] Es besteht kaum Zweifel daran, dass *Der Prophet*, Gibrans Meisterwerk, zutiefst persönlich ist, was auch die Namen nur schwerlich verhüllen können: Gibran – Almustafa, New York – Orphalese, Mary Haskell – Almitra, Libanon – Almustafas Insel seiner Geburt. Und die zwölf Jahre in Orphalese sind die zwölf Jahre, die er vor der Veröffentlichung des Buchs in New York verbracht hatte.

Almustafa hält sechsundzwanzig poetische Predigten zu ganz unterschiedlichen menschlichen Themen wie Liebe, Freude und Leid, Freiheit, Gut und Böse, bis hin zu Gebet, Religion und Tod. Der Anlass ist seine endgültige Abreise aus Orphalese, das er voll Trauer verlässt, da er den Menschen viel von sich selbst gegeben hat. Almitra, die Seherin, bittet ihn, „dass du ... uns von deiner Wahrheit abgibst". Sie weiß auch um seine „Sehnsucht nach dem Land deiner Erinnerungen". Almustafas Aufbruch zur „Insel seiner Geburt" symbolisiert seine Rückkehr in den ungeborenen Zustand, aus dem er wiedergeboren werden wird, wie er am Ende verspricht: „Eine kleine Weile noch, ein Augenblick des Ruhens auf dem Wind, und eine andere Frau wird mich gebären."

Gibran wartete den richtigen Augenblick für die Veröffentlichung ab und schrieb Mary: „Die Menschen haben sich in den vergangenen drei Jahren auffallend verändert. Sie sind hungrig nach Schönheit und nach Wahrheit."[29] Er sollte Recht behalten, denn nur einen Monat nach der Veröffentlichung im Jahre 1923 waren sämtliche 1300 Exemplare der ersten Auflage ausverkauft – bis heute ist dieser Trend ungebrochen. Obwohl es damals noch nicht möglich war, durch intensive Werbung

Verkaufszahlen zu erzielen wie sie bei heutigen Bestsellern erreicht werden, so stellte sich dennoch schnell heraus, dass Gibrans Drang, mit dem Herzen zu sprechen, die Öffentlichkeit ernsthaft bewegte. Seit *Tausendundeine Nacht* hatte kein anderer Schriftsteller arabischer Herkunft derart großen Anklang gefunden, und *Der Prophet*, das „merkwürdige kleine Buch", wie er es nannte, verkaufte sich schließlich besser als jedes andere im zwanzigsten Jahrhundert – mit Ausnahme der Bibel.[30]

Viele Jahre brauchte Gibran, um beharrlich aus seinen Texten und Bildern eine einheitliche Botschaft zu formen, die für ihn Ausdruck der „Heiligkeit" seines „inneren Lebens" war. In seinem Umfeld überraschte es daher niemanden, als sein Name in einem Atemzug mit William Blake genannt wurde. Im Kern enthält das „merkwürdige kleine Buch" die Botschaft, dass Liebe zwar manchmal verletzend und schmerzvoll ist, sie aber ebenso in Verzückung versetzen kann. Wahrheit, Befreiung und Einheit mit der allerhöchsten Identität, die die Liebe *ist*, werden durch Streben und Sehnsucht möglich. Das Leben ist eine Reise, und die Liebe ist sowohl Aufbruch als auch Ziel. „Wie in einer Prozession geht ihr zusammen eurem göttlichen Ich entgegen", sagt Almustafa in einer Predigt (siehe S. 74). Er besteht dabei auf der grundlegenden Gleichheit von Liebe und Leid, die für Gibran offenbar von persönlicher Bedeutung war.

Der Kummer und die Entfremdung, die der überempfindliche Jüngling erfuhr, hatten ihm ihren Stempel aufgedrückt und sein Unbewusstes an die „feinsten Nuancen von Licht und Schatten" gewöhnt, was ihn dazu befähigte, mit der Sprachgewalt Jesaias und dem Schmerz Jeremias zu singen.[31] Ein Kritiker schrieb über Gibrans Werk, es sei „in Blut getaucht ... ein Schrei, der aus einem verwundeten Herzen hervorbricht", und forderte jene, die ihn verstehen wollten, dazu auf, „sich vorzustellen, welches Ausmaß an Schmerz nötig wäre, um sie so zu inspirieren wie das Leid, das Gibran inspirierte."[32]

Almustafa spricht zuerst von der Liebe (siehe S. 37), und womöglich ist dies die schönste von all seinen Predigten: „Liebe hat keinen anderen Wunsch, als sich zu erfüllen. Aber wenn du liebst und Wünsche haben musst, sollst du dir dies wünschen: Zu schmelzen und wie ein plätschernder Bach zu sein, der seine Melodie der Nacht singt. Den Schmerz allzu vieler Zärtlichkeit zu kennen. Vom eigenen Verstehen der Liebe verwundet zu sein; Und willig und freudig zu bluten."[33]

Mit seinen gerade einmal 20.000 Wörtern, seinem philosophischen Charakter und dem mystischen Tonfall war *Der Prophet* nicht gerade ein Buch, von dem man erwartet hätte, dass es beim Lesepublikum auf Beachtung stoßen würde. Am Ende tat es dies dann doch. Sein Verfasser wurde mit bewundernden Briefen zum Buch „überhäuft". Die *New York Times* fühlte sich bei seinem Erscheinen an „Gautama, die Philosophen der *Upanischaden* ... und die besten der alten hebräischen Propheten" erinnert, andere Rezensionen sprachen von seiner „... außergewöhnlichen dramatischen Kraft, großen Gelehrsamkeit, blitzartigen Intuition, seinem poetischen Auftrieb und der metrischen Meisterschaft, mit der die Botschaft vorgetragen wird – und der Schönheit, Schönheit, Schönheit, die die gesamte Form durchdringt."[34] Der irische Dichter George Russell (der unter dem Pseudonym Æ schrieb) bemerkte: „Ich könnte jede Seite daraus zitieren und würde auf jeder Seite einen schönen und befreienden Gedanken entdecken."[35] Bei seinem Erscheinen sagte Gibran selbst zu Mary: „Der ganze Prophet sagt eigentlich nur das eine: Ihr seid viel größer, als ihr denkt, und alles ist gut."[36]

Der Prophet galt vielen als der Höhepunkt in Gibrans literarischer Karriere, und wenn man die Bedeutung für sein Gesamtwerk bedenkt, so verwundert es nicht, dass einige Kritiker meinten, seine vorangegangenen Werke seien suchend oder gar unentwickelt.[37] Einer anderen Auffassung nach sind seine arabischen Werke wie *Iram, die Stadt der erhabenen Säulen*, erschienen im Jahre 1921, also zwei Jahre vor *Der Prophet*, und seine englischen Werke wie *Der Narr* für sich zu betrachten. In *Iram* werde das sufitische Prinzip der Einheit des Seins (*wahdat al-wudjud*) erforscht und in *Der Narr* werde der Erhöhung des Außenseiter-Dichter-Sehers gebührende Beachtung geschenkt. Zudem finden sich in seinen früheren Werken Hinweise und Anzeichen für sein literarisches Ziel, das Erbe der muslimischen und der christlichen Mystik zu vereinigen. Diesen Traum verwirklichte er nun in seiner Darstellung Almustafas, des namengebenden Propheten, der sowohl eine christusartige Gestalt als auch der Universalmensch der muslimischen Zivilisation ist.

Es ist unbestritten, dass *Der Prophet* in der Weltliteratur eine einzigartige Stellung einnimmt, was dem Kritiker die Einschätzung seines tatsächlichen Werts erschwert. Ungerechterweise wurde es oft als eine romantisierte Version allgemeiner philosophischer und religiöser Lehren gebrandmarkt und ist so in gewisser Hinsicht zum Opfer seines überraschenden Erfolgs geworden. Tatsächlich ist es ein Werk von erstaunlichem Mitgefühl, voll Erkenntnis und Hoffnung und mit einer zeitlosen Botschaft, die mit einer solchen Schlichtheit und rhythmischen Qualität ausgedrückt ist, dass sie sich einer großen Leserschaft erschließt. Gibrans klare Prosa, zwar leicht, aber tief empfunden, ist die Frucht seiner lebenslangen Hingabe an die perfekte Beherrschung eines Instruments, mit dem er anderen auf wirksamste und schönste Weise die unsichtbare Ordnung vermitteln konnte, die er für den Kern aller Dinge auf Erden hielt.

Durch den sensationellen Erfolg des Buchs sah sich Gibran plötzlich auf die Bühne der Welt katapultiert, auf der er sich eine Vielzahl von Rollen aneignete, die seine Bekannten und seinen Leserkreis bezauberten und manchmal auch täuschten. Angesichts der chamäleonartigen Leichtigkeit, mit der er sich anpassen konnte, schrieb ein Journalist: „Gibran ist Broadway oder Copley Square oder The Strand oder die Avenue de L'Opéra, ein korrekt gekleideter Kosmopolit der westlichen Welt ... ein vernünftiger Bewohner des Greenwich Village, sofern es das gibt",[38] wohingegen ein anderer Betrachter fand, der kleine Mann mit dem weißen Anzug, Hut und Stock sei das „Ebenbild" eines anderen Immigranten jener Zeit, nämlich Charlie Chaplin.[39] Hinter den Masken jedoch steckte ein Mensch, in dessen Gesten sich die „gelassene Höflichkeit des Orients" zeigte, ein Künstler, der in der Lage war, die Grenzen zwischen Ost und West zu überwinden, und der sich, auch wenn er Libanese und Patriot war, völlig zu Recht einen Weltbürger nennen konnte. Er sprach als Mensch aus dem Libanon, und er brachte mit Inbrunst eine libanesische Denkweise zum Ausdruck. Seine Worte gingen über eine bloße Beschwörung des rätselhaften Orients hinaus, vielmehr strebten sie danach, die Notwendigkeit einer Versöhnung von Christentum und Islam zu vermitteln.

Die letzten Jahre – Ruhm und Leid

Nach der Vollendung des *Propheten* blieben Gibran nur noch sieben Jahre. Die Heiterkeit darüber, dass er sich von einer Last befreit hatte, ließ seine rätselhafte Krankheit für kurze Zeit in Vergessenheit geraten. Einer Freundin schrieb er, dass ihn sein Gebrechen „verlassen" habe und er trotz der grauen Strähnen in seinem Haar bei guter Laune sei.[40]

Gleichzeitig mit seinem Ruhm wuchs auch der Personenkreis um ihn herum. So begegnete er der Schauspielerin Sarah Bernhardt, die er gelegentlich malte, dem geistigen Oberhaupt der Bahá'í-Religion 'Abdu'l-Bahá, dem Psychologen Carl Gustav Jung, dem Dichter W.B. Yeats, dem mexikanischen Maler José Clemente Orozco, dem Komponisten Claude Debussy und den Schriftstellern John Galsworthy und G.K. Chesterton. Doch ungeachtet der Aufmerksamkeit, die ihm der spektakuläre Erfolg von *Der Prophet* eingebracht hatte, waren Gibrans letzte Jahre beschwerlich. Als immer mehr selbsternannte Anhänger des „Gibranismus" herausfanden, dass der „libanesische Gelehrte" in der West Tenth Street wohnte, ergoss sich bald ein Besucherstrom über ihn.[41] Einige kamen zum Beichten oder um getröstet zu werden, andere suchten seinen Rat, und wieder andere kamen aus bloßer Neugier. Gibran selbst verspürte kein Verlangen danach, den Mantel des Propheten zu tragen: „Der Unterschied zwischen einem Propheten und einem Dichter", schrieb er, „besteht darin, dass der Prophet lebt, was er lehrt – der Dichter aber nicht."[42]

In seinem nächsten veröffentlichten Werk brachte Gibran seine ambivalenten Gefühle gegenüber dem Ruhm zum Ausdruck: „Ruhm ist der Schatten einer Leidenschaft, die im Licht steht."[43] (siehe S. 254) Auch wenn er selbst *Sand und Schaum* als ein „Übergangswerk" bezeichnete, so enthalten doch die 300 Aphorismen einige einprägsame Denksprüche. Zwar hallen in vielen von ihnen die Worte Almustafas wider, sodass sie sich fast wie Fußnoten zu seinen Predigten lesen, doch ist vorwiegend der Einfluss William Blakes zu spüren, der ein Meister des Aphorismus war.[44]

Im Jahre 1928 veröffentlichte Gibran sein längstes Werk, *Jesus Menschensohn*, das achtundsiebzig unterschiedliche Impressionen von Jesus enthält, die fantasievoll in die Form zeitgenössischer Berichte gekleidet sind, in denen neben den Jüngern, der Jungfrau Maria oder Maria Magdalena völlig fiktive Figuren auftauchen. Auch „Antihelden" wie Kaiphas, Pontius Pilatus oder Barrabas kommen zu Wort, letzterer merkt reumütig an: „Seine Kreuzigung dauerte nur eine Stunde. Ich aber bin bis ans Ende meiner Tage gekreuzigt."[45] In den Monaten vor der Veröffentlichung hatte Gibran an „Sommer-Rheuma" gelitten, wie er es nannte, und Unheil verheißend offenbart, dass die Ärzte verzweifelt versuchten, sein „rätselhaftes Gebrechen" mit „elektrischer" Behandlung zu heilen.[46] Und obwohl *Jesus Menschensohn* sein letztes erfolgreiches Werk war, ist es nicht der Schmerzensschrei eines Mannes, dessen Kräfte nachlassen, sondern das atemberaubende Zeugnis eines Dichters, der mit seiner eigentümlich schwebenden Prosa weiter gegen das Sterben des Lichts ankämpfte.

Da er unablässig von Schmerzen gequält wurde, betäubte er diese mit Alkohol, und als die unbarmherzigen Winterwinde gegen die Ostküste bliesen, rang der einsame Dichter in seiner „Einsiedlerklause" mit der Erkenntnis, das Endstadium seiner Krankheit erreicht zu haben. Nach außen hin zeigte er sich unerschrocken und kündigte an, dass sein nächstes Buch, *Im Garten des Propheten*, im Herbst veröffentlicht würde. Die Veröffentlichung sollte er jedoch nicht mehr erleben und wandte sich stattdessen einem anderen Werk zu, dessen Ursprung zwanzig Jahre zurück lag. Das epische Ausmaß von *Die Götter der Erde* erinnert an Keats' letztes Gedicht „Hyperion".[47] Drei Götter führen darin eine Diskussion: Der erste von ihnen steht dem Sinn des endlosen Kreislaufs von Leben und Tod pessimistisch gegenüber; der zweite regt eine spirituelle Suche an, um den Sinn herauszufinden; der dritte und jüngste aber vermittelt in der Debatte und rät, die Zwickmühle als solche anzuerkennen, und erklärt, dass „nur Liebe Sinn verleiht". Wenngleich das Buch die allumfassende Kraft der Liebe betont, ist die vorherrschende Stimmung düster und spiegelt die sanfte Resignation eines sterbenden Menschen wider, sodass das Werk manchmal wie ein Lehrstück wirkt, das mit literarischem Aufputz geschmückt wurde.[48]

Als die große Depression der 1930er begann, müssen Gibrans Ruhm und Reichtum vielen beneidenswert erschienen sein. Seine Bücher wurden immer wieder aufgelegt und seine englischen Werke in immer neue Sprachen übersetzt, sodass seine Einkünfte aus Tantiemen ständig stiegen.[49] Ein Vortragsbüro bot ihm an, ihm eine Lesereise zu organisieren, und es verging kaum ein Tag dabei, ohne dass die Post, der Telegraf oder das Telefon neue Bezeugungen der Wertschätzung brachten. Die Verleger, in Erwartung möglicher Katastrophen, drängten ihre Autoren permanent zu neuen Werken, und Gibran begann, letzte Hand an *Der Wanderer* zu legen, ein Werk, das er drei Jahre zuvor in Boston begonnen hatte.[50]

Gibrans „Wanderer" ist ein Dichter-Seher, ein Jüngling mit einem Schleier aus Wehmut über seinem blassen Gesicht und eingekerkert in einem Irrenhaus von „denen, die in dem Irrenhaus jenseits dieser Mauer leben".[51] Wie schon in den kleineren Stücken zuvor, ist auch dieses Werk trotz aller kritischen Analyse der so genannten zivilisierten Welt durchdrungen von der Botschaft auf Einheit und Hoffnung. Dies gilt besonders für das letzte Gedicht „Der Fluss“ (siehe S. 264), der eine Quelle von Helligkeit und Entzücken ist und dessen Einmünden ins Meer als Metapher für die Vereinigung des Einzelnen mit dem Absoluten steht: Das größere Selbst kehrt an seinen Ursprung zurück.[52]

Das Gedicht symbolisiert den Lauf des menschlichen Lebens und ist ein beredtes Zeugnis für Gibrans schriftstellerische Ausdruckskraft. Er resümiert darin ganz offen und ehrlich seine Ansicht über das Leben, und die benutzten Bilder sind so einfach, dass sie direkt aus einer Kindergeschichte stammen könnten.

Gibran starb im Jahre 1931 und wurde in der Kapelle des kleinen Klosters Mar Sarkis nahe Becharré zur letzten Ruhe gebettet. Neun Monate später erschien *Im Garten des Propheten* – Almustafa kehrt nach zwölf Jahren zur Insel seiner Geburt zurück. In der Stille des Gartens, in dem seine Mutter und sein Vater begraben sind, spricht er: „Doch heute zu *sein*, heißt weise sein, wenn auch vertraut mit der Torheit; heißt stark sein, aber nicht zum Schaden des Schwachen; heißt mit den Kindern spielen, aber nicht als ihre Väter, sondern als ihre Kameraden, die ihre Spiele lernen wollen“.[53] „Das Bild der Sonne in einem Tautropfen ist nicht weniger als die Sonne selbst. ... Du und der Stein, ihr seid eins. Nur in den Schlägen eurer Herzen gibt es einen Unterschied. Dein Herz schlägt schneller, nicht wahr, mein Freund? Ohne Zweifel aber ist es nicht so ruhig.“[54]

In einer Epoche, die als das Zeitalter der Angst bezeichnet wurde, sah Gibran die Welt von einer göttlichen Ordnung durchdrungen. Und die Beständigkeit, mit der er diese Ansichten verkündete, während ähnliche Denkrichtungen angesichts der starken Bataillone von Materialismus, Mechanisierung und Militarismus den ungeordneten Rückzug antraten, ließ die Widerstandsfähigkeit und die Tapferkeit erahnen, die seine Landsleute nach seinem Tod beweisen sollten. Sein Volk blieb trotz verheerender und umwälzender Erschütterungen standhaft in der Verteidigung der Werte, die Gibran formuliert hatte, und mit aller Entschlossenheit verkündet es unbeirrt einer gleichgültigen Welt weiterhin seine Botschaft, die Botschaft des Libanon.

Gibran ist der erfolgreichste und berühmteste arabische Schriftsteller der Welt. Ungeachtet der Annehmlichkeiten, die die technologischen Errungenschaften bieten, und der Erkenntnisse, die durch Analyse ermöglicht werden (wobei ihr jeweiliger Nutzen durchaus umstritten ist), trägt die moderne Psyche weiterhin eine Wunde in ihrem Herzen. Gibrans Botschaft ist eine heilsame; und in seinem Streben, die Spannungen zwischen Geist und Exil zu verstehen, nahm er die Nöte eines Zeitalters vorweg, das die spirituelle und intellektuelle Sackgasse der Moderne selbst erfahren sollte. Seine Schriften offenbaren die durchdringende Vision eines Sehers, der weder Kreuzzüge unternahm noch als Prediger auftrat, sondern vor den furchtbaren Gefahren warnte, die über ein Zeitalter hereinbrechen, wenn nationalstaatliches Grenzdenken, materielle Gier und Wandel um jeden Preis zur obersten Maxime werden. Seine in schlichter, lyrischer Schönheit von tiefer Bedeutung vorgetragene Weisheit bleibt – für alle, die danach streben – zeitlos gültig und gilt auch für die Herausforderungen, vor denen wir heute stehen.

JOE JENKINS

ANMERKUNGEN

1 Martin L. Wolf im Vorwort zu: *Secrets of the Heart* von Khalil Gibran, übersetzt von Anthony Rizcallah Ferris, S. V; *Gibran Love Letters*, S. 16.

2 Kahlil S. Hawi, *Khalil Gibran: His Background, Character and Works*, S. 25. N. Naimy, „The Mind and Thought of Kahlil Gibran", in: *Journal of Arabic Literature* 5, 1974, S. 20, 21.

3 Aus: „A Speech by Khalil the Heretic", übersetzt von Suheil Bushrui, in: *An Introduction to Kahlil Gibran*, S. 23, 26.

4 Jessie Fremont Bale an Fred Holland Day, 25. November 1908.

5 Diese Wendung wurde von Louise Guiney in einem Brief an Louise Chandler Moulton vom 10. September 1894 verwendet. Sie wird genauer untersucht in Stephen Maxfield Parrishs „Currents of the Nineties in Boston and London: Fred Holland Day, Louise Imogen Guiney and Their Circle", unveröffentlichte Dissertation, Harvard University, 1954.

6 Graf Maeterlinck (1862–1949) war ein belgischer Dichter, Dramatiker und Essayist. Er erhielt im Jahre 1911 den Nobelpreis für Literatur.

7 *Boston Evening Transcript*, 3. Mai 1904, S. 10.

8 Otto, *Letters*, S. 225.

9 Mikhail Naimy, *Kahlil Gibran*, S. 60.

10 Otto, *Letters*, S. 3.

11 Hilu, V., *Beloved Prophet: The Love Letters of Kahlil Gibran and Mary Haskell and her Private Journal*, S. 418.

12 Der Libanon wurde zu dieser Zeit als Teil Großsyriens betrachtet.

13 Khalil Gibran an Ameen Guraieb am 12. Februar 1908, in: *A Self-Portrait*, S. 9.

14 Mikhail Naimy, *Kahlil Gibran*, S. 89. Rodin führte Gibran an die „Doppelmuse" William Blakes heran, dessen günstiger Einfluss sich auf Gibrans Schriften und Kunst auswirken sollte. Im Hinblick auf Nietzsche siehe Otto, *Letters*, S. 68.

15 Otto, *Letters*, S. 147.

16 Khalil Gibran, *Kahlil Gibran, A Self-Portrait*, S. 15–16, und Khalil Gibran, *Rebellische Geister*, in: Khalil Gibran, *Sämtliche Werke*, Düsseldorf: Patmos 2003, S. 171–173.

17 Als Gründungspräsident des PEN-Verbands (*al-Rabita al-Qalamiyyah*), „einer kleinen und sehr erlesenen Gruppe von Avantgarde-Literaten", begann Gibran mit seinen Gefährten, die arabische Dichtung von ihrer Stumpfheit zu befreien. Siehe S. K. Jayyusi, *Trends and Movements in Modern Arabic Poetry*, 2 Bde., S. 91, 94, 96 u. 102. *Romantic Poetry and Prose*, hrsg. v. Harold Bloom und Lionel Tring, S. 9.

18 Khalil Gibran, *Rebellische Geister*, in: Khalil Gibran, *Sämtliche Werke*, Düsseldorf: Patmos 2003, S. 129.

19 Khalil Gibran in: „Der Sturm", in: *A Treasury of Kahlil Gibran*, S. 20, und „Die Riesen", in: *Thoughts and Meditations*, S. 84.

20 Die „See" symbolisiert den großen Geist oder das größere Selbst. Gibran schrieb in einem Brief an Mary Haskell im Februar 1912 von „der großen See, die wir Gott nennen" (B. P., S. 61). *Der Narr*, übers. v. Florian Langegger, Düsseldorf, Patmos 2007, S. 50–52.

21 *Der Narr*, S. 55.

22 Khalil Gibran an Mariita Lawson in einem Brief vom 26. September 1921.

23 Der Gedanke des „Verlangens" findet sich auch in der christlichen Mystik, zum Beispiel in dem klassischen Text *The Cloud of Unknowing*, London, Penguin 1961, S. 68.

24 Vögel gelten in zahlreichen spirituellen Traditionen als Vermittler zwischen Himmel und Erde und als Verkörperung der Seele. Khalil Gibran, *Der Vorbote: Gleichnisse und Gedichte*, in: Khalil Gibran, *Sämtliche Werke*, Düsseldorf: Patmos 2003, S. 720

25 Siehe Anne Salem Otto, *The Parables of Kahlil Gibran: An Interpretation of His Writings and His Art*, S. 81. Siehe auch Hilu, V., *Beloved Prophet*, S. 53, 61 u. 391.

26 Khalil Gibran, *Geliebte Mary: Briefe von Khalil Gibran an Mary Elizabeth Haskell*, übers. aus dem Engl. und eingeleitet von Ursula Assaf-Nowak, Zürich, Düsseldorf: Walter 2001, S. 104.

27 Khalil Gibran, *Eine Träne und ein Lächeln*, übersetzt von Ursula Assaf-Nowak und Simon Yussuf Assaf, Düsseldorf: Patmos 2005, S. 265–266

28 Suheil B. Bushrui und S.H. al-Kuzbari (Hrsg. u. Übers.), *Gibran Love Letters*, S. 23 (9. November 1919), und Hilu, V., *Beloved Prophet*, S. 328.

29 Hilu, V., *Beloved Prophet*, S. 300.

30 Mikhail Naimy zitiert Gibran mit der Wendung „merkwürdiges kleines Buch" aus: *Aramco World*, XV,6, S. 11.

31 George Kheirallah, „The Life of Gibran Khalil Gibran", in: *The Procession*, S. 17.

32 Einleitung zu *Der Prophet* von Sarwat Okasha (auf Arabisch), Kairo, Dar al-Maaref, 1959.

33 Suheil Bushrui und Joe Jenkins, *Khalil Gibran: Man and Poet*, S. 75–76.

34 Stanton A. Goblentz, „Gibran's Companion to The Prophet", aus: *The New York Times Book Review*, 10. Juni 1934, und Claude Bragdon in: „Gibran: a Modern

Prophet from Lebanon", in: *Merely Players*, zitiert aus: *Kahlil Gibran: Essays and Introductions*, S. 25.

35 George Russell (AE), *The Living Torch*, S. 169.

36 Chapel Hill Papers, 30. Mai 1922.

37 Siehe Mikhail Naimy, „Gibran at his peak", in: *Gibran of Lebanon: New Papers*, hrsg. von Suheil Bushrui und Paul Gotch, S. 3. u. 4.

38 Joseph Gollomb, „An Arabian Poet in New York", *N.Y. Evening Post*, 29. März 1919, Buchteil, S. 1 u. 10.

39 Marzieh Gail, *Other People, Other Places*, S. 229.

40 *Gibran Love Letters* (2. Dezember 1923), S. 71.

41 Siehe Martin L. Wolf im Vorwort des Herausgebers zu: *A Treasury of Kahlil Gibran*, übersetzt aus dem Arabischen von Anthony Rizcallah Ferris, S. XI.

42 Hilu, V., *Beloved Prophet*, S. 397.

43 Khalil Gibran, *Sand und Schaum*, übers. v. Frank-Roland Pohl, Zürich, Düsseldorf: Walter 1976, S. 56.

44 Mikhail Naimy, *Kahlil Gibran: A Biography*, S. 207. Einige der Aphorismen wurden aus dem Arabischen übersetzt und waren in dieser Sprache schon zuvor veröffentlicht worden, zum Beispiel in *al-Bayati wa'l-Tarayif* („Schöne und seltene Denksprüche") aus dem Jahre 1923.

45 Khalil Gibran, *Jesus Menschensohn*, in: Khalil Gibran, *Sämtliche Werke*, Düsseldorf: Patmos 2003, S. 1118

46 Khalil Gibran an Mariita Lawson in einem Brief vom 8. September 1926.

47 Hawi (S. 175) hat Hinweise auf Keats in Gibrans Notizen aus dem Jahre 1904 entdeckt. Gibran schrieb auch ein Gedicht über Keats mit dem Titel „*Bihurouf min Nar*" („Die feurigen Buchstaben"), das in *Eine Träne und ein Lächeln* (1914) veröffentlicht wurde. Siehe auch John Keats in: Hyperion, Book 1, *The Oxford Anthology of English Literature: Romantic Poetry and Prose*, Oxford University Press 1973, S. 505.

48 Khalil Gibran, *Die Götter der Erde*, in: Khalil Gibran, *Sämtliche Werke*, Düsseldorf: Patmos 2003, S. 1172 und 1178. Der dritte Gott, wie schon der Jüngling in *Al-Mawakib* (*Die Prozession*), betrachtet die Liebe nicht pantheistisch, sondern insbesondere als Liebe zwischen Mann und Frau (Hawi, S. 238). Siehe auch Bushrui und Jenkins, *Kahlil Gibran: Man and Poet*, S. 273 u. 274.

49 Bis heute wurde Gibran in mehr als zwanzig Sprachen übersetzt.

50 Otto, *Letters*, S. 673.

51 Khalil Gibran, *Der Wanderer*, übers. v. Ursula Assaf-Nowak, Düsseldorf, Zürich: Walter 2002, S. 50.

52 Gibran spürte wie sein Zeitgenosse T.S. Eliot den „inneren Fluss". T.S. Eliot schreibt: „Der Fluss ist in uns, die See ist rings um uns", in: *Four Quartets*, (The Dry Salvages 1:15), London: Faber and Faber, 1943, S. 25. Siehe auch: Khalil Gibran, *Der Wanderer*, S. 91–92.

53 Khalil Gibran, *Im Garten des Propheten*, übers. v. Hans Christian Meiser, München: Goldmann 1986, S. 54.

54 Ibid., S. 38 und 42.

TEIL EINS

Der Prophet

Inhalt

Die Ankunft des Schiffes 26
Von der Liebe 34
Von der Ehe 38
Von den Kindern 42
Vom Geben 46
Vom Essen und Trinken 50
Von der Arbeit 54
Von der Freude und vom Leid 58
Von den Häusern 62
Von den Kleidern 66
Vom Kaufen und Verkaufen 68
Von Schuld und Sühne 72
Von den Gesetzen 78
Von der Freiheit 82
Von Vernunft und Leidenschaft 86
Vom Schmerz 90
Von der Selbsterkenntnis 94
Vom Lehren 98
Von der Freundschaft 100
Vom Reden 104
Von der Zeit 108
Vom Guten und Bösen 112
Vom Beten 116
Vom Vergnügen 120
Von der Schönheit 124
Von der Religion 128
Vom Tod 132
Der Abschied 136

KAPITEL EINS

Die Ankunft des Schiffes

Almustafa, der Erwählte und Geliebte, der seinerzeit eine Morgenröte war, hatte zwölf Jahre in der Stadt Orphalese auf sein Schiff gewartet, das wiederkommen und ihn zur Insel seiner Geburt zurückbringen sollte.

Und im zwölften Jahr, am siebten Tag des Jelul, des Monats der Ernte, erstieg er den Hügel jenseits der Stadtmauern und schaute zur See; und er sah sein Schiff mit dem Nebel nahen.

Da wurden die Tore seines Herzens aufgeschwungen und seine Freude flog weit über das Meer. Und er schloss die Augen und betete in der Stille seiner Seele.

Aber als er den Hügel hinabstieg, überkam ihn eine Traurigkeit, und er dachte in seinem Herzen: Wie soll ich in Frieden und ohne Trauer gehen? Nein, nicht ohne Wunde im Geist werde ich diese Stadt verlassen.

Lang waren die Tage der Qual, die ich in ihren Mauern verbrachte, und lang waren die Nächte der Einsamkeit; und wer kann seine Qual und seine Einsamkeit ungerührt hinter sich lassen?

Zu viel von meinem Geist habe ich in diesen Straßen verströmt, und zu zahlreich sind die Kinder meiner Sehnsucht, die nackt in diesen Hügeln wandern, und ich kann mich nur schwer und mit Schmerzen von ihnen zurückziehen.

Keramikteller aus Iznik, 16. Jahrhundert, verziert mit Galeeren der osmanischen Flotte (Ausschnitt).

Es ist kein Gewand, das ich heute ablege, sondern eine Haut, die ich mir mit eigenen Händen abreiße.

Auch ist es kein Gedanke, den ich hinter mir lasse, sondern ein Herz, süß vor Hunger und Durst.

Doch kann ich nicht länger bleiben. Das Meer, das alles zu sich ruft, ruft mich, und ich muss das Schiff besteigen. Denn zu bleiben, auch wenn die Stunden in der Nacht brennen, hieße zu gefrieren und unbeweglich zu werden und in einer Form zu erstarren.

Gern nähme ich alles, was hier ist, mit mir. Aber wie wäre mir das möglich?

Eine Stimme kann nicht die Zunge und die Lippen mit sich tragen, die ihr Flügel gaben. Allein muss sie in den Äther hinaus.

Allein und ohne sein Nest muss der Adler zur Sonne fliegen.

Als er nun unten am Hügel angekommen war, wandte er sich wieder dem Meer zu, und er sah sein Schiff in den Hafen einlaufen und auf dem Bug die Seeleute, die Männer seines eigenen Landes.

Und seine Seele rief hinaus zu ihnen, und er sagte: Söhne meiner ehrwürdigen Mutter, ihr Reiter der Gezeiten, wie oft seid ihr in meinen Träumen gesegelt.

Und nun kommt ihr in meinem Wachen, das mein tieferer Traum ist.

Ich bin bereit zu gehen, und meine Ungeduld erwartet mit gesetzten Segeln den Wind.

Nur einen Atemzug noch will ich tun in dieser stillen Luft, nur einen liebenden Blick noch zurückwerfen, und dann werde ich unter euch stehen, ein Seefahrer unter Seefahrern.

Und du, unermessliches Meer, schlafende Mutter,

Die du allein dem Fluss und dem Strom Frieden und Freiheit bist,

Nur eine Biegung noch wird dieser Strom machen, nur ein Murmeln noch in diesem Hain,

Und dann werde ich zu dir kommen, ein grenzenloser Tropfen in einem grenzenlosen Ozean.

Und als er weiterging, sah er von weitem Männer und Frauen ihre Felder und Weinberge verlassen und zu den Stadttoren eilen.

Und er hörte, wie ihre Stimmen seinen Namen riefen und von Feld zu Feld schrien, um einander laut die Ankunft seines Schiffes mitzuteilen.

Und er sagte zu sich:

Soll der Tag des Abschieds der Tag der Ernte sein?

Und soll das heißen, dass mein Abend in Wahrheit meine Morgenröte war?

Und was soll ich dem geben, der seinen Pflug mitten auf dem Feld gelassen hat?

Und was gebe ich dem, der das Rad seiner Weinpresse angehalten hat?

Wird mein Herz ein Baum werden, schwer von Früchten, die ich pflücken und ihnen schenken kann? Und werden meine Wünsche fließen wie eine Quelle, damit ich ihre Becher füllen kann?

Bin ich eine Harfe, damit die Hand des Mächtigen mich berühren kann, oder eine Flöte, damit sein Atem mich durchstreifen kann?

Ein Sucher der Stille bin ich, und welchen Schatz habe ich in der Stille gefunden, den ich mit Zuversicht verteilen kann?

Wenn dies mein Tag der Ernte ist, in welche Felder habe ich den Samen gesät und zu welchen vergessenen Jahreszeiten?

Wenn dies wirklich die Stunde ist, in der ich meine Laterne hochhalte, dann ist es nicht meine Flamme, die darin brennt.

Leer und dunkel werde ich meine Laterne erheben,

Und der Wächter der Nacht wird sie mit Öl füllen und er wird sie auch anzünden.

Diese Dinge drückte er mit Worten aus. Doch vieles in seinem Herzen blieb ungesagt.

Denn er selbst konnte sein tieferes Geheimnis nicht aussprechen.

Und als er die Stadt betrat, kamen alle Menschen ihm entgegen, und sie riefen ihm zu wie mit einer Stimme.

Und die Ältesten der Stadt traten vor und sagten:

Geh noch nicht fort von uns.

Eine Mittagszeit bist du in unserer Dämmerung gewesen, und deine Jugend hat uns Träume zu träumen gegeben.

Kein Fremder bist du unter uns, auch kein Gast, sondern unser Sohn und innigst Geliebter.

Lass unsere Augen noch nicht nach deinem Angesicht hungern.

Und die Priester und Priesterinnen sagten zu ihm:

Lass nicht zu, dass die Wellen des Meeres uns jetzt trennen und die Jahre, die du in unserer Mitte verbracht hast, zur Erinnerung werden.

Du bist unter uns als Geist umhergegangen, und dein Schatten ist ein Licht auf unseren Gesichtern gewesen. Sehr haben wir dich geliebt. Aber sprachlos war unsere Liebe und mit Schleiern umhüllt.

Nun aber ruft sie laut zu dir und möchte unverhüllt vor dir stehen.

Und seit jeher war es so, dass die Liebe erst in der Stunde der Trennung ihre eigene Tiefe erkennt.

Und andere kamen auch und flehten ihn an. Aber er antwortete ihnen nicht. Er neigte nur den Kopf; und die in der Nähe standen, sahen Tränen auf seine Brust fallen.

Und er und die Menschen schritten zu dem großen Platz vor dem Tempel.

Und aus dem Heiligtum kam eine Frau, deren Name Almitra war. Und sie war eine Seherin.

Und er schaute sie mit unendlicher Zärtlichkeit an, denn sie hatte ihn als Erste aufgesucht und an ihn geglaubt, als er gerade einen Tag in ihrer Stadt gewesen war.

Arche Noah, aus: Zübdet et-tevarih, *eine Weltgeschichte von Lokman bin Seyyid Hüseyn al-Aşuri, 1583.*

Und sie begrüßte ihn und sagte: Prophet Gottes, auf der Suche nach den letzten Dingen, lange hast du die Ferne nach deinem Schiff abgesucht.

Und nun ist dein Schiff gekommen, und du musst gehen.

Tief ist deine Sehnsucht nach dem Land deiner Erinnerungen und der Heimat deiner größeren Wünsche; und unsere Liebe wird dich nicht binden, noch werden unsere Bedürfnisse dich halten. Um eines jedoch bitten wir, ehe du uns verlässt: dass du zu uns sprichst und uns von deiner Wahrheit abgibst.

Und wir werden sie unseren Kindern weitergeben und sie ihren Kindern, und sie wird nicht vergehen.

In deiner Einsamkeit hast du über unsere Tage gewacht, und in deinem Wachen hast du dem Weinen und Lachen unseres Schlafs gelauscht.

Daher mach, dass wir uns selbst erkennen, und sage uns alles, was dir gezeigt wurde von dem, was zwischen Geburt und Tod ist.

Und er antwortete:

Leute von Orphalese, worüber könnte ich sprechen, wenn nicht von dem, was sich selbst jetzt in euren Seelen rührt?

KAPITEL ZWEI

Von der Liebe

Da sagte Almitra:
Sprich uns von der Liebe.

Und er hob den Kopf und sah auf die Menschen, und es kam eine Stille über sie. Und mit lauter Stimme sagte er:

Wenn die Liebe dir winkt, folge ihr,
Sind ihre Wege auch schwer und steil.
Und wenn ihre Flügel dich umhüllen, gib dich ihr hin,
Auch wenn das unterm Gefieder versteckte Schwert dich verwunden kann.
Und wenn sie zu dir spricht, glaube an sie,
Auch wenn ihre Stimme deine Träume zerschmettern kann, wie der Nordwind den Garten verwüstet.
Denn so, wie die Liebe dich krönt, kreuzigt sie dich.
So wie sie dich wachsen lässt, beschneidet sie dich.
So wie sie emporsteigt zu deinen Höhen und die zartesten Zweige liebkost, die in der Sonne zittern,
Steigt sie hinab zu deinen Wurzeln und erschüttert sie in ihrer Erdgebundenheit.
Wie Korngarben sammelt sie dich um sich.
Sie drischt dich, um dich nackt zu machen.
Sie siebt dich, um dich von deiner Spreu zu befreien.
Sie mahlt dich, bis du weiß bist.
Sie knetet dich, bis du geschmeidig bist;
Und dann weiht sie dich ihrem Heiligen Feuer, damit du Heiliges Brot wirst für Gottes Heiliges Mahl.
All dies wird die Liebe mit dir machen, damit du die

Geheimnisse deines Herzens kennen lernst und in diesem Wissen ein Teil vom Herzen des Lebens wirst.

Aber wenn du in deiner Angst nur die Ruhe und die Lust der Liebe suchst,

Dann ist es besser für dich, deine Nacktheit zu bedecken und vom Dreschboden der Liebe zu gehen

In die Welt ohne Jahreszeiten, wo du lachen wirst, aber nicht dein ganzes Lachen, und weinen, aber nicht all deine Tränen.

Liebe gibt nichts als sich selbst und nimmt nichts als von sich selbst.

Liebe besitzt nicht, noch lässt sie sich besitzen;

Denn die Liebe genügt der Liebe.

Wenn du liebst, solltest du nicht sagen: „Gott ist in meinem Herzen", sondern: „Ich bin in Gottes Herzen."

Und glaube nicht, du kannst den Lauf der Liebe lenken, denn die Liebe, wenn sie dich für würdig hält, lenkt deinen Lauf.

Liebe hat keinen anderen Wunsch, als sich zu erfüllen.

Aber wenn du liebst und Wünsche haben musst, sollst du dir dies wünschen:

Zu schmelzen und wie ein plätschernder Bach zu sein, der seine Melodie der Nacht singt.

Den Schmerz allzu vieler Zärtlichkeit zu kennen.

Vom eigenen Verstehen der Liebe verwundet zu sein;

Und willig und freudig zu bluten.

Bei der Morgenröte mit beflügeltem Herzen zu erwachen und für einen weiteren Tag des Liebens dankzusagen;

Zur Mittagszeit zu ruhen und über die Verzückung der Liebe nachzusinnen;

Am Abend mit Dankbarkeit heimzukehren;

Und dann einzuschlafen mit einem Gebet für den Geliebten im Herzen und einem Lobgesang auf den Lippen.

KAPITEL DREI

Von der Ehe

Dann sprach Almitra abermals und sagte: Und was ist mit der Ehe, Meister?

Und er antwortete und sprach:

Ihr wurdet zusammen geboren und ihr werdet auf immer zusammen sein.

Ihr werdet zusammen sein, wenn die weißen Flügel des Todes eure Tage scheiden.

Ja, ihr werdet selbst im stummen Gedenken Gottes zusammen sein.

Aber lasst Raum zwischen euch.

Und lasst die Winde des Himmels zwischen euch tanzen.

Liebt einander, aber macht die Liebe nicht zur Fessel:

Lasst sie eher ein wogendes Meer zwischen den Ufern eurer Seelen sein.

Füllt einander den Becher, aber trinkt nicht aus einem Becher.

Gebt einander von eurem Brot, aber esst nicht vom selben Laib.

Singt und tanzt zusammen und seid fröhlich, aber lasst jeden von euch allein sein,

So wie die Saiten einer Laute allein sind und doch von derselben Musik erzittern.

Gebt eure Herzen, aber nicht in des anderen Obhut.

Denn nur die Hand des Lebens kann eure Herzen umfassen.

Und steht zusammen, doch nicht zu nah:

Denn die Säulen des Tempels stehen für sich,

Und die Eiche und die Zypresse wachsen nicht im Schatten der anderen.

Keramik mit Unterglasur von der Iberischen Halbinsel, 12. Jahrhundert, verziert mit Vogelmotiven.

KAPITEL VIER

Von den Kindern

Und eine Frau, die einen Säugling an der Brust hielt, sagte: Sprich uns von den Kindern.

Und er sagte:

Eure Kinder sind nicht eure Kinder.

Sie sind die Söhne und Töchter der Sehnsucht des Lebens nach sich selber.

Sie kommen durch euch, aber nicht von euch,

Und obwohl sie mit euch sind, gehören sie euch doch nicht.

Ihr dürft ihnen eure Liebe geben, aber nicht eure Gedanken,

Denn sie haben ihre eigenen Gedanken.

Ihr dürft ihren Körpern ein Haus geben, aber nicht ihren Seelen,

Denn ihre Seelen wohnen im Haus von morgen, das ihr nicht besuchen könnt, nicht einmal in euren Träumen.

Ihr dürft euch bemühen, wie sie zu sein, aber versucht nicht, sie euch ähnlich zu machen.

Denn das Leben läuft nicht rückwärts, noch verweilt es im Gestern.

Ihr seid die Bogen, von denen eure Kinder als lebende Pfeile ausgeschickt werden.

Der Schütze sieht das Ziel auf dem Pfad der Unendlichkeit, und Er spannt euch mit Seiner Macht, damit seine Pfeile schnell und weit fliegen.

Abbildung in einer persischen Handschrift zum Alltagsleben in einer Oase, 16. Jahrhundert.

Lasst euren Bogen von der Hand des Schützen auf Freude gerichtet sein;

Denn so, wie Er den Pfeil liebt, der fliegt, so liebt Er auch den Bogen, der fest ist.

Darstellung einer stillenden Mutter.
Ton, Mesopotamien, ca. 2000–1800 v. Chr.

KAPITEL FÜNF

Vom Geben

Dann sagte ein reicher Mann: Sprich uns vom Geben.
Und er antwortete:

Ihr gebt nur wenig, wenn ihr von eurem Besitz gebt.

Erst wenn ihr von euch selber gebt, gebt ihr wahrhaft.

Denn was ist euer Besitz anderes als etwas, das ihr bewahrt und bewacht aus Angst, dass ihr es morgen brauchen könntet?

Und morgen, was wird das Morgen dem übervorsichtigen Hund bringen, der Knochen im spurlosen Sand vergräbt, wenn er den Pilgern zur heiligen Stadt folgt?

Und was ist die Angst vor der Not anderes als Not?

Ist nicht Angst vor Durst, wenn der Brunnen voll ist, der Durst, der unlöschbar ist?

Es gibt jene, die von dem Vielen, das sie haben, wenig geben – und sie geben um der Anerkennung willen, und ihr verborgener Wunsch verdirbt ihre Gaben.

Und es gibt jene, die wenig haben und alles geben.

Das sind die, die an das Leben und die Fülle des Lebens glauben, und ihr Beutel ist nie leer.

Es gibt jene, die mit Freude geben, und die Freude ist ihr Lohn.

Und es gibt jene, die mit Schmerzen geben, und der Schmerz ist ihre Taufe.

Fußbodenmosaik mit Obstbaum (Ausschnitt), 6. Jahrhundert, aus dem Großen Palast der byzantinischen Kaiser in Konstantinopel (Istanbul).

Und es gibt jene, die geben und keinen Schmerz beim Geben kennen:

Weder suchen sie Freude dabei, noch geben sie um der Tugend willen;

Sie geben, wie im Tal dort drüben die Myrte ihren Duft verströmt.

Durch ihre Hände spricht Gott, und aus ihren Augen lächelt Er auf die Erde.

Es ist gut zu geben, wenn man gebeten wird, aber besser ist es, wenn man ungebeten gibt, aus Verständnis;

Und für den Freigebigen ist die Suche nach einem, der empfangen soll, eine größere Freude als das Geben.

Und gibt es etwas, das ihr zurückhalten werdet?

Alles, was ihr habt, wird eines Tages gegeben werden;

Daher gebt jetzt, da die Zeit des Gebens eure ist und nicht die eurer Erben.

Ihr sagt oft: „Ich würde geben, aber nur dem, der es verdient."

Die Bäume in eurem Obstgarten reden nicht so und auch nicht die Herden auf euren Weiden.

Sie geben, damit sie leben dürfen, denn zurückhalten heißt zugrunde gehen.

Sicher ist der, der würdig ist, seine Tage und Nächte zu erhalten, auch alles anderen von euch würdig. Und der, der verdient hat, vom Meer des Lebens zu trinken, verdient auch, seinen Becher aus eurem Bach zu füllen.

Und welches Verdienst wäre größer als der Mut und das Vertrauen, ja auch die Nächstenliebe, die im Empfangen liegt?

Und wer seid ihr, dass die Menschen sich die Brust zerreißen und ihren Stolz entschleiern sollten, damit ihr ihren Wert nackt und ihren Stolz entblößt seht?

Seht erst zu, dass ihr selber verdient, ein Gebender und ein Werkzeug des Gebens zu sein.

Denn in Wahrheit ist es das Leben, das dem Leben gibt – während ihr, die ihr euch als Gebende fühlt, nichts anderes seid als Zeugen.

Und ihr, die ihr empfangt – und ihr seid alle Empfangende –, bürdet euch nicht die Last der Dankbarkeit auf, damit ihr nicht euch und dem Gebenden ein Joch auferlegt.

Steigt lieber zusammen mit dem Gebenden auf seinen Gaben empor wie auf Flügeln;

Denn seid ihr euch eurer Schuld zu sehr bewusst, heißt das, die Freigebigkeit desjenigen zu bezweifeln, der die großherzige Erde zur Mutter und Gott zum Vater hat.

KAPITEL SECHS

Vom Essen und Trinken

Dann sagte ein alter Mann, ein Gastwirt:
Sprich uns vom Essen und Trinken.

Und er sagte:

Könntet ihr leben vom Duft der Erde und wie eine Luftpflanze vom Licht erhalten werden!

Aber da ihr töten müsst, um zu essen, und dem Neugeborenen die Muttermilch rauben müsst, um euren Durst zu stillen, lasst es eine andächtige Handlung sein.

Und euren Tisch lasst einen Altar sein, auf dem das Reine und Unschuldige des Waldes und des Feldes geopfert wird für das, was im Menschen noch reiner und unschuldiger ist.

Wenn ihr ein Tier tötet, sagt in eurem Herzen zu ihm:
„Durch die gleiche Macht, die dich tötet, werde auch ich getötet, und auch ich werde verzehrt werden.

Denn das Gesetz, das dich meiner Hand auslieferte, wird mich einer mächtigeren Hand ausliefern.

Dein Blut und mein Blut ist nichts als der Saft, der den Baum des Himmels nährt."

Und wenn ihr mit den Zähnen einen Apfel zermalmt, sagt in eurem Herzen zu ihm:

„Deine Samen werden in meinem Körper leben,

Und die Knospen deines Morgens werden in meinem Herzen blühen,

---

Vergoldete Glasflasche eines Pilgers, reich glasiert und verziert, mit einer flachen und einer gerundeten Seite. Syrien, 14. Jahrhundert.

Und dein Duft wird mein Atem sein,

Und zusammen werden wir uns aller Jahreszeiten erfreuen."

Und im Herbst, wenn ihr die Trauben eurer Weinberge für die Kelter lest, sagt in eurem Herzen:

„Auch ich bin ein Weinberg, und meine Frucht wird für die Kelter gelesen werden,

Und wie neuer Wein werde ich in ewigen Gefäßen bewahrt werden."

Und im Winter, wenn ihr den Wein zapft, lasst für jeden Becher ein Lied in eurem Herzen sein;

Und in dem Lied lasst eine Erinnerung an die Herbsttage und den Weinberg und die Kelter sein.

Jüngling mit Tasse. Hauptverzierung einer Kubachi-Keramikfliese. Iran, ca. 1600.

KAPITEL SIEBEN

Von der Arbeit

Dann sagte ein Landmann: Sprich uns von der Arbeit.

Und er antwortete und sagte:

Ihr arbeitet, um mit der Erde und der Seele der Erde Schritt zu halten.

Denn müßig sein heißt, den Jahreszeiten fremd zu werden und auszuscheren aus dem Lauf des Lebens, das in Würde und stolzer Ergebung der Unendlichkeit entgegenschreitet.

Wenn ihr arbeitet, seid ihr eine Flöte, durch deren Herz sich das Flüstern der Stunden in Musik verwandelt.

Wer von euch wäre gern ein Rohr, stumm und still, wenn alles andere im Einklang singt?

Es ist euch immer gesagt worden, Arbeit sei ein Fluch, und Mühsal ein Unglück.

Aber ich sage euch, wenn ihr arbeitet, erfüllt ihr einen Teil des umfassendsten Traums der Erde, der euch bei der Geburt dieses Traums zugeteilt worden ist,

Und wenn ihr Mühsal auf euch nehmt, liebt ihr das Leben wahrhaft,

Und das Leben durch Mühsal zu lieben, heißt mit dem innersten Geheimnis des Lebens vertraut zu sein.

Aber wenn ihr in eurem Schmerz die Geburt ein Leid nennt und die Erhaltung des Fleisches einen Fluch, der euch auf der Stirn geschrieben steht, dann erwidere ich, dass nur der Schweiß auf eurer Stirn das wegwaschen wird, was geschrieben steht.

Es ist euch auch gesagt worden, das Leben sei Dunkelheit,

und in eurer Erschöpfung gebt ihr wieder, was die Erschöpften sagten.

Und ich sage, das Leben ist in der Tat Dunkelheit, wenn der Trieb fehlt,

Und aller Trieb ist blind, wenn das Wissen fehlt.

Und alles Wissen ist vergeblich, wenn die Arbeit fehlt,

Und alle Arbeit ist leer, wenn die Liebe fehlt;

Und wenn ihr mit Liebe arbeitet, bindet ihr euch an euch selber und aneinander und an Gott.

Und was heißt, mit Liebe arbeiten?

Es heißt, das Tuch mit Fäden weben, die aus euren Herzen gezogen sind, als solle euer Geliebter dieses Tuch tragen.

Es heißt, ein Haus mit Zuneigung bauen, als solle eure Geliebte in dem Haus wohnen.

Es heißt, den Samen mit Zärtlichkeit säen und die Ernte mit Freude einbringen, als solle euer Geliebter die Frucht essen.

Es heißt, allen Dingen, die ihr macht, einen Hauch eures Geistes einflößen

Und zu wissen, dass die selig Verstorbenen um euch stehen und zusehen.

Oft habe ich euch sagen hören, als sprächet ihr im Schlaf: „Der mit Marmor arbeitet und im Stein die Gestalt seiner Seele wiederfindet, ist edler als der, der den Boden pflügt.

Und der den Regenbogen ergreift, um ihn auf einer Leinwand zum Ebenbild des Menschen zu machen, ist mehr als der, der die Sandalen für unsere Füße macht."

Aber ich sage nicht im Schlaf, sondern in der Überwachheit der Mittagsstunde, dass der Wind zu den riesigen Eichen nicht süßer spricht als zum Geringsten aller Grashalme;

Und der allein ist groß, der die Stimme des Windes in ein Lied verwandelt, das durch seine Liebe noch süßer wird.

Arbeit ist sichtbar gemachte Liebe.

Und wenn ihr nicht mit Liebe, sondern nur mit Widerwillen arbeiten könnt, lasst besser eure Arbeit und setzt euch ans Tor des Tempels und nehmt Almosen von denen, die mit Freude arbeiten.

Denn wenn ihr mit Gleichgültigkeit Brot backt, backt ihr ein bitteres Brot, das nicht einmal den halben Hunger des Menschen stillt.

Und wenn ihr die Trauben mit Widerwillen keltert, träufelt eure Abneigung ein Gift in den Wein.

Und auch wenn ihr wie Engel singt und das Singen nicht liebt, macht ihr die Ohren der Menschen taub für die Stimmen des Tages und die Stimmen der Nacht.

KAPITEL ACHT

Von der Freude und vom Leid

Dann sagte eine Frau: Sprich uns von der Freude und vom Leid.

Und er antwortete:

Eure Freude ist euer Leid ohne Maske.

Und derselbe Brunnen, aus dem euer Lachen aufsteigt, war oft von euren Tränen erfüllt.

Und wie könnte es anders sein?

Je tiefer sich das Leid in euer Sein eingräbt, desto mehr Freude könnt ihr fassen.

Ist nicht der Becher, der euren Wein enthält, dasselbe Gefäß, das im Ofen des Töpfers gebrannt wurde?

Und ist nicht die Laute, die euren Geist besänftigt, dasselbe Holz, das mit Messern ausgehöhlt wurde?

Wenn ihr fröhlich seid, schaut tief in eure Herzen, und ihr werdet finden, dass nur das, was euch Leid bereitet hat, euch auch Freude gibt.

Wenn ihr traurig seid, schaut wieder in eure Herzen, und ihr werdet sehen, dass die Wahrheit um das weint, was euch Vergnügen bereitet hat.

Einige von euch sagen: „Freude ist größer als Leid", und andere sagen: „Nein, Leid ist größer."

Aber ich sage euch, sie sind untrennbar.

Sie kommen zusammen, und wenn einer allein mit euch

Kontrastierende rote und blaue Blumenmotive auf einem osmanischen Badeumhang aus Leinen mit Seidenstickerei, 18. Jahrhundert.

am Tisch sitzt, denkt daran, dass der andere auf eurem Bett schläft.

Wahrhaftig, wie die Schalen einer Waage hängt ihr zwischen eurem Leid und eurer Freude.

Nur wenn ihr leer seid, steht ihr still und im Gleichgewicht.

Wenn der Schatzhalter euch hochhebt, um sein Gold und sein Silber zu wiegen, muss entweder eure Freude oder euer Leid steigen oder fallen.

Raubtier und Opfer: Ein Löwe fällt ein Reh an. Elfenbeinintarsie eines fatimidischen Möbelstücks, ca. 11. Jahrhundert (Ausschnitt).

KAPITEL NEUN

Von den Häusern

Dann trat ein Maurer vor und sagte: Sprich uns von den Häusern.

Und er antwortete und sagte:

Baut eine Laube nach euren Vorstellungen in der Wildnis, ehe ihr ein Haus innerhalb der Stadtmauern baut.

Denn so, wie ihr Heimkehrer in der Dämmerung seid, so seid ihr auch Wanderer, ewig Ferne und Einsame.

Euer Haus ist euer größerer Körper.

Es wächst in der Sonne und schläft in der Stille der Nacht; und es ist nicht ohne Träume. Träumt euer Haus etwa nicht, und verlässt es nicht träumend die Stadt für Hain oder Hügel?

Könnte ich eure Häuser in meiner Hand sammeln und sie wie ein Sämann in Wald und Wiese ausstreuen!

Wären die Täler eure Straßen und die grünen Pfade eure Gassen, damit ihr einander durch die Weinberge besuchen könntet und mit dem Duft der Erde im Gewand kämet!

Aber das soll noch nicht sein.

In ihrer Angst trieben eure Vorväter euch zu nah zusammen. Und diese Angst wird noch eine kleine Weile dauern.

Eine kleine Weile noch werden eure Stadtmauern eure Herde von euren Feldern trennen.

Und sagt mir, Leute von Orphalese, was habt ihr in diesen Häusern? Und was bewacht ihr hinter verriegelten Türen?

Habt ihr Frieden, den ruhigen Trieb, der eure Kraft offenbart?

Habt ihr Erinnerungen, schimmernde Bogen, die die Gipfel des Geistes umspannen?

Habt ihr Schönheit, die das Herz von Dingen, aus Holz und Stein geschaffen, zum heiligen Berg hinführt?

Sagt mir, habt ihr derlei in euren Häusern?

Oder habt ihr nur Bequemlichkeit und das Verlangen nach Bequemlichkeit, dem verstohlenen Ding, das euer Haus als Gast betritt, dann zum Wirt und schließlich zum Herrn wird?

Ja, und sie wird zum Bezähmer, und mit Haken und Geißel

Bauchiges, bemaltes Sammelgefäß, verziert mit mandelförmigen Medaillons und „Pfauenaugen"-Motiven. Syrien, 13. Jahrhundert.

macht sie Marionetten aus euren höheren Wünschen. Obwohl ihre Hände aus Seide sind, ist ihr Herz aus Eisen.

Sie wiegt euch in den Schlaf, nur um neben eurem Bett zu stehen und sich über die Würde des Fleisches lustig zu machen.

Sie verspottet euren gesunden Verstand und legt ihn in Distelwolle wie ein zerbrechliches Gefäß.

Wahrhaftig, das Verlangen nach Bequemlichkeit tötet die Leidenschaft der Seele und folgt dann grinsend ihrem Leichenzug.

Aber ihr, Kinder der Erde, ihr Ruhelosen in der Ruhe, ihr werdet weder in die Falle gehen noch gezähmt werden.

Euer Haus soll kein Anker, sondern ein Mast sein. Es soll kein schimmerndes Häutchen sein, das eine Wunde bedeckt, sondern ein Augenlid, das das Auge behütet.

Ihr sollt nicht eure Flügel falten, damit ihr durch Türen kommt, noch eure Köpfe beugen, damit sie nicht gegen eine Decke stoßen, noch Angst haben zu atmen, damit die Mauern nicht bersten und einstürzen.

Ihr sollt nicht in Gräbern wohnen, die von den Toten für die Lebenden gemacht sind.

Und obwohl von Pracht und Glanz, sollte euer Haus weder euer Geheimnis hüten, noch eure Sehnsucht beherbergen.

Denn was grenzenlos in euch ist, wohnt im Palast des Himmels, dessen Tor der Morgennebel ist und dessen Fenster die Lieder und die Stille der Nacht sind.

KAPITEL ZEHN

Von den Kleidern

Und der Weber sagte: Sprich uns von den Kleidern.

Und er antwortete:

Eure Kleider verbergen viel von eurer Schönheit, doch verstecken sie nicht das Unschöne.

Und obwohl ihr in Gewändern die Freiheit des Persönlichen sucht, könnt ihr darin einen Zügel und eine Kette finden.

Könntet ihr der Sonne und dem Wind mit mehr Haut und weniger Kleidung begegnen!

Denn der Atem des Lebens ist im Sonnenlicht und die Hand des Lebens ist im Wind.

Einige von euch sagen: „Der Nordwind hat die Kleider gewebt, die wir tragen."

Und ich sage: Ja, es war der Nordwind,

Aber Scham war sein Webstuhl und Schlaffheit sein Faden.

Und als seine Arbeit getan war, lachte er im Wald.

Vergesst nicht, dass Züchtigkeit ein Schild gegen die Augen der Unreinen ist.

Und wenn die Unreinen nicht mehr sind, was ist Züchtigkeit dann anderes als eine Fessel und eine Trübung des Geistes?

Und vergesst nicht, dass es die Erde freut, eure nackten Füße zu spüren, und dass die Winde sich danach sehnen, mit eurem Haar zu spielen.

Bunter Teller, verziert mit einer Figur in einem knöchellangen Mantel, genannt entari. *Anatolien, 17. Jahrhundert.*

KAPITEL ELF

Vom Kaufen und Verkaufen

Und ein Kaufmann sagte: Sprich uns vom Kaufen und Verkaufen.

Und er antwortete und sagte:

Die Erde gibt euch ihre Frucht, und es wird euch an nichts mangeln, wenn ihr nur wisst, wie ihr eure Hände füllt.

Im Austausch der Gaben der Erde werdet ihr Fülle finden und gesättigt sein.

Doch wenn der Austausch nicht in Liebe und freundlicher Gerechtigkeit stattfindet, wird er bloß einige zur Gier und andere zum Hunger führen.

Wenn ihr Arbeiter des Meeres, der Felder und der Weinberge auf dem Markt die Weber, Töpfer und Gewürzhändler trefft,

Dann beschwört den höchsten Geist der Erde, in eure Mitte zu kommen und die Waagen und die Rechnungen zu segnen, die Wert gegen Wert abwägen.

Und duldet bei euren Tauschgeschäften nicht die mit leeren Händen, die ihre Worte gegen eure Arbeit verkaufen möchten.

Solchen Männern solltet ihr sagen:

„Kommt mit uns aufs Feld oder fahrt mit unseren Brüdern zur See und werft eure Netze aus;

Weinhaus von Anah, aus einer illustrierten Makame *von Hariri (1054–1122), eine Sammlung von Erzählungen über einen Mann, der sich geistreich durchs Leben schlägt, 13. Jahrhundert.*

Denn das Land und das Meer werden sich euch gegenüber genauso freigebig zeigen wie uns."

Und wenn die Sänger und Tänzer und die Flötenspieler kommen, nehmt auch von ihren Gaben.

Denn auch sie sind Sammler von Früchten und Weihrauch, und was sie bringen, obwohl aus Träumen geschaffen, ist Kleidung und Nahrung für eure Seele.

Und bevor ihr den Marktplatz verlasst, seht zu, dass niemand mit leeren Händen seines Weges gegangen ist.

Denn der höchste Geist der Erde wird nicht friedlich auf dem Wind schlafen, bis die Bedürfnisse auch des Geringsten unter euch befriedigt sind.

العالم العلوي

Von Schuld und Sühne

Dann trat einer der Richter der Stadt vor und sagte: Sprich uns von Schuld und Sühne.

Und er antwortete und sagte:

Wenn euer Geist mit dem Wind wandert,

Begeht ihr, allein und unbewacht, ein Unrecht an anderen und dadurch an euch selber.

Und für dieses begangene Unrecht müsst ihr am Tor der Seligen anklopfen und eine Weile unbeachtet warten. Wie der Ozean ist das Göttliche in euch;

Es bleibt ewig unbefleckt.

Und wie der Äther erhebt es nur die Beflügelten.

Wie die Sonne auch ist das Göttliche in euch;

Es kennt nicht die Gänge des Maulwurfs, noch sucht es die Höhlen der Schlange.

Doch das Göttliche wohnt nicht allein in eurem Sein. Vieles in euch ist noch Mensch, und vieles in euch ist noch nicht Mensch,

Sondern ein formloser Zwerg, der im Nebel schlafwandelt und nach seinem Erwachen sucht.

Und von dem Menschen in euch möchte ich jetzt sprechen.

Denn er ist es, und nicht das Göttliche in euch und auch nicht der Zwerg im Nebel, der Schuld und Sühne kennt.

Oft habe ich euch von einem, der ein Unrecht begeht, reden

Miniaturmalerei mit Wächtern, die einen gefesselten Gefangenen begleiten. Bagdad, Irak, spätes 13. Jahrhundert.

hören, als sei er nicht einer von euch, sondern ein Fremder und ein Eindringling in eure Welt.

Aber ich sage euch, selbst wie der Heilige und Rechtschaffene nicht über das Höchste hinaussteigen kann, das in jedem von euch ist,

So kann der Böse und Schwache nicht tiefer fallen als das Niedrigste, das auch in euch ist.

Und wie ein einzelnes Blatt nicht ohne das stille Wissen des ganzen Baumes vergilbt,

So kann auch der Übeltäter kein Unrecht tun ohne den verborgenen Willen von euch allen.

Wie in einer Prozession geht ihr zusammen eurem göttlichen Ich entgegen.

Ihr seid der Weg und die Reisenden.

Und wenn einer von euch fällt, fällt er für die hinter ihm, eine Warnung vor dem Stolperstein.

Ja, und er fällt für die vor ihm, die, obgleich schneller und sicherer im Schritt, den Stein des Anstoßes nicht entfernten.

Und noch dies, mögen die Worte euch auch schwer auf dem Herzen liegen:

Der Ermordete ist nicht ohne Verantwortung an seiner Ermordung,

Und der Beraubte nicht schuldlos an seiner Beraubung.

Der Rechtschaffene ist nicht unschuldig an den Taten des Bösen,

Und der mit sauberen Händen ist nicht rein von den Taten des Missetäters.

Ja, der Schuldige ist oft das Opfer des Geschädigten.

Noch öfter ist der Verurteilte der Sündenbock für den Schuldlosen und den nicht Beschuldigten.

Ihr könnt nicht den Gerechten vom Ungerechten trennen und nicht den Guten vom Bösen;

Denn sie stehen zusammen vor dem Angesicht der Sonne, wie der schwarze und der weiße Faden zusammengewebt sind.

Und wenn der schwarze Faden reißt, wird der Weber das ganze Gewebe prüfen und auch den Webstuhl untersuchen.

Wenn einer von euch die untreue Ehefrau zur Anklage bringt,

Soll er auch das Herz ihres Ehemannes in die Waagschale legen und seine Seele mit gleichem Maß messen.

Und der den Übeltäter auspeitschen will, soll den Geist dessen erforschen, dem Übles getan wurde.

Und wenn einer von euch im Namen der Rechtschaffenheit strafen und die Axt an den Baum des Bösen legen möchte, soll er ihn bis zu seinen Wurzeln prüfen;

Und wahrhaftig, er wird die Wurzeln des Guten und Bösen finden, des Fruchtbaren und des Unfruchtbaren, alle ineinander verflochten im stillen Herzen der Erde.

Und ihr Richter, die ihr gerecht sein wollt,

Welches Urteil sprecht ihr über den, der zwar aufrichtig im Fleisch, im Geist aber ein Dieb ist?

Welche Strafe verhängt ihr über den, der im Fleisch tötet, im Geist jedoch selber getötet wird?

Und wie verfolgt ihr den, der in seinen Handlungen ein Betrüger und Unterdrücker,

Doch auch gekränkt und verletzt ist?

Und wie werdet ihr die bestrafen, deren Reue schon größer ist als ihre Untaten?

Ist nicht die Reue das Recht, das von dem Gesetz gesprochen wird, dem ihr gern dienen würdet?

Doch ihr könnt nicht dem Unschuldigen Reue auferlegen, noch könnt ihr sie dem Herzen des Schuldigen abnehmen.

Unaufgefordert wird sie in der Nacht anklopfen, damit die Menschen wachen und sich anschauen.

Und wie wollt ihr Gerechtigkeit verstehen, wenn ihr nicht alle Taten im vollen Licht anschaut?

Erst dann werdet ihr wissen, dass der Aufrechte und der Gefallene nichts als ein Mensch sind, der zwischen der Nacht seines kleinlichen Ichs und dem Tag seines göttlichen Ichs im Dämmer steht,

Und dass der Eckstein des Tempels nicht höher ist als der niedrigste Stein in seinem Fundament.

Fès (Marokko), Dar el Makhzen (Königspalast), mittleres Eingangstor: Bogendetail.

KAPITEL DREIZEHN

Von den Gesetzen

Dann sagte ein Rechtsgelehrter: Aber wie ist es mit unseren Gesetzen, Meister?

Und er antwortete:

Es freut euch, Gesetze zu erlassen,

Doch mehr freut es euch, sie zu brechen.

Wie Kinder, die am Meer spielen und mit Ausdauer Sandburgen bauen, um sie dann lachend zu zerstören. Aber während ihr eure Sandburgen baut, bringt der Ozean mehr Sand an den Strand, und wenn ihr sie zerstört, lacht der Ozean mit euch.

Wahrhaftig, der Ozean lacht immer mit den Unschuldigen.

Aber was ist mit denen, für die das Leben kein Ozean ist und für die von Menschen gemachte Gesetze keine Sandburgen sind,

Sondern für die das Leben ein Fels ist und das Gesetz ein Meißel, mit dem sie es gern nach ihrem Ebenbild formen möchten?

Was mit dem Krüppel, der die Tänzer hasst?

Was mit dem Ochsen, der sein Joch liebt und den Elch und das Wild des Waldes für streunende und heimatlose Wesen hält?

Was mit der alten Schlange, die ihre Haut nicht abstreifen kann und alle anderen nackt und schamlos nennt?

Miniatur: Madschnun vor dem Rat der Weisen.
Gouache, 2. Hälfte des 16. Jahrhunderts, aus Buchara.

Und was mit dem, der früh zum Hochzeitsfest kommt und dann übersättigt und müde seines Weges geht und sagt, dass alle Feste Gesetzesübertretungen seien und alle Feiernden Gesetzesbrecher?

Was soll ich von jenen sagen, außer dass auch sie im Sonnenlicht stehen, aber mit dem Rücken zur Sonne? Sie sehen nur ihre Schatten, und ihre Schatten sind ihre Gesetze. Und was ist ihnen die Sonne anderes als etwas, das Schatten wirft?

Und was heißt, die Gesetze anzuerkennen anderes, als sich zu bücken und ihre Schatten auf der Erde nachzuzeichnen?

Aber ihr, die ihr mit dem Angesicht zur Sonne geht, welche auf die Erde gezeichneten Bilder können euch halten?

Ihr, die ihr mit dem Wind reist, welcher Wetterhahn soll euch den Weg weisen?

Welches Menschengesetz soll euch binden, wenn ihr euer Joch zerbrecht, aber an niemandes Gefängnistür rüttelt?

Welche Gesetze sollt ihr fürchten, wenn ihr tanzt, aber über niemandes eiserne Ketten stolpert?

Und wer soll euch vor Gericht stellen, wenn ihr euer Gewand herunterreißt, aber es niemandem an den Weg legt?

Leute von Orphalese, ihr könnt die Trommel dämpfen und die Saiten der Leier lockern, doch wer soll der Lerche befehlen, nicht zu singen?

KAPITEL VIERZEHN

Von der Freiheit

Und ein Redner sagte: Sprich uns von der Freiheit.

Und er antwortete:

Am Stadttor und an eurem Herd habe ich euch unterwürfig und in Anbetung eurer Freiheit gesehen,

Wie Sklaven sich vor einem Tyrannen erniedrigen und ihn preisen, obwohl er sie tötet.

Ja, im Hain des Tempels und im Schatten der Zitadelle habe ich die Freiesten unter euch ihre Freiheit als Joch und Handschellen tragen sehen.

Und das Herz blutete mir; denn ihr könnt nur frei sein, wenn selbst der Wunsch, die Freiheit zu suchen, euch zum Zügel wird und wenn ihr aufhört, von Freiheit als Ziel und Erfüllung zu reden.

Wirklich frei werdet ihr nicht sein, wenn eure Tage ohne Sorge sind und eure Nächte ohne jeden Wunsch und Kummer,

Sondern erst dann, wenn sie euer Leben umfassen und ihr euch dennoch nackt und ungebunden über sie erhebt.

Und wie wollt ihr euch über eure Tage und Nächte erheben, wenn ihr nicht die Ketten brecht, die ihr im Morgengrauen eures Verstehens eurer Mittagsstunde angelegt habt?

In Wahrheit ist das, was ihr Freiheit nennt, die stärkste dieser Ketten, wenn auch ihre Glieder in der Sonne glitzern und eure Augen blenden.

Rustam, der freiheitsliebende persische Nationalheld, grüßt seinen Großvater Sam (rechts). Aus einem Manuskript des Schahname, *16. Jahrhundert.*

Und was sind es anderes als Teile eures eigenen Ichs, die ihr ablegen wollt, um frei zu werden?

Wenn es ein ungerechtes Gesetz ist, das ihr abschaffen wollt, dann habt ihr es mit eigener Hand auf eure Stirn geschrieben.

Ihr könnt es nicht auslöschen, indem ihr eure Gesetzbücher verbrennt oder die Stirn eurer Richter wascht, und wenn ihr das Meer darauf gießt.

Und wenn es ein Despot ist, den ihr vom Thron stürzen wollt, seht zu, dass sein Thron zerstört wird, den ihr in euch errichtet habt.

Denn wie kann ein Tyrann die Freien und Stolzen regieren, außer durch eine Tyrannei ihrer eigenen Freiheit und eine Scham über ihren eigenen Stolz?

Und wenn es eine Sorge ist, die ihr ablegen wollt, ist diese Sorge eher von euch gewählt als euch auferlegt.

Und wenn es eine Angst ist, die ihr verjagen wollt, ist der Sitz dieser Furcht in eurem Herzen und nicht in der Hand des Gefürchteten.

Wahrhaftig, all das umarmt sich ständig in euch, das Ersehnte und das Gefürchtete, das Abstoßende und das Geschätzte, das Erstrebte und das, dem ihr ausweichen wollt.

All das bewegt sich paarweise in euch wie Licht und Schatten, die einander verhaftet sind.

Und wenn der Schatten verblasst und nicht mehr da ist, wird das Licht, das verweilt, zum Schatten eines anderen Lichts.

Und so wird eure Freiheit, wenn sie ihre Fesseln ablegt, selber zur Fessel einer größeren Freiheit.

KAPITEL FÜNFZEHN

Von Vernunft und Leidenschaft

Und wieder sprach die Priesterin: Sprich uns von der Vernunft und von der Leidenschaft.

Und er antwortete und sagte:

Eure Seele ist oft ein Schlachtfeld, auf dem eure Vernunft und euer Verstand Krieg gegen eure Leidenschaft und eure Gelüste führen.

Könnte ich der Friedensstifter in eurer Seele sein und den Missklang und die Zwietracht eurer Wesen in Einklang und Harmonie verwandeln!

Aber wie kann ich das, wenn ihr nicht selber auch Friedensstifter seid, nein, mehr noch, euer ganzes Wesen liebt?

Eure Vernunft und eure Leidenschaft sind das Ruder und die Segel eurer seefahrenden Seele.

Wenn eure Segel oder Ruder brechen, könnt ihr nur noch schlingern und treiben oder auf hoher See festgehalten werden.

Denn die Vernunft ist, wenn sie allein waltet, eine einengende Kraft; und unbewacht ist die Leidenschaft eine Flamme, die bis zur Selbstzerstörung brennt.

Daher lasst die Seele eure Vernunft auf den Gipfel der Leidenschaft heben, damit sie singt;

Und lasst sie eure Leidenschaft mit Vernunft lenken, damit eure Leidenschaft ihre tägliche Auferstehung erlebt und sich wie der Phönix aus der Asche erhebt.

Ich wollte, ihr betrachtetet euren Verstand und eure Gelüste wie zwei geliebte Gäste in eurem Haus.

Wollteppich aus dem frühen 15. Jahrhundert,
dessen Muster einen Phönix und einen Drachen erkennen lässt.

Sicher würdet ihr einen Gast nicht mehr ehren als den anderen; denn wer den einen mehr beachtet, verliert die Liebe und das Vertrauen beider.

Wenn ihr zwischen den Hügeln im kühlen Schatten der weißen Pappeln sitzt und am Frieden und der Heiterkeit der Felder und Wiesen teilhabt – dann lasst euer Herz schweigend sagen: „Gott ruht in der Vernunft."

Und wenn der Sturm kommt und der mächtige Wind den Wald erschüttert und Donner und Blitz die Erhabenheit des Himmels verkünden – dann lasst euer Herz in Ehrfurcht sagen: „Gott bewegt sich in der Leidenschaft."

Und da ihr ein Atemzug in Gottes Sphäre seid und ein Blatt in Gottes Wald, sollt auch ihr in der Vernunft ruhen und in der Leidenschaft euch regen.

KAPITEL SECHZEHN

Vom Schmerz

Und eine Frau sagte:
Sprich uns vom Schmerz.

Und er antwortete:

Euer Schmerz ist das Zerbrechen der Schale, die euer Verstehen umschließt.

Wie der Kern der Frucht zerbrechen muss, damit sein Herz die Sonne erblicken kann, so müsst auch ihr den Schmerz erleben.

Und könntet ihr in eurem Herzen das Staunen über die täglichen Dinge des Lebens bewahren, würde euch der Schmerz nicht weniger wundersam scheinen als die Freude;

Und ihr würdet die Jahreszeiten eures Herzens hinnehmen, wie ihr stets die Jahreszeiten hingenommen habt, die über eure Felder streifen.

Und ihr würdet die Winter eures Kummers mit Heiterkeit überstehen.

Vieles von eurem Schmerz ist selbst gewählt.

Er ist der bittere Trank, mit dem der Arzt in euch das kranke Ich heilt.

Daher traut dem Arzt und trinkt seine Arznei schweigend und still:

Denn seine Hand, obwohl schwer und hart, wird von der zarten Hand des Unsichtbaren gelenkt,

Geschnitzte Elfenbeinplatte (Detail eines Möbelstücks), die einen grimmig blickenden Teilnehmer eines Festgelages zeigt, ca. 11.–12. Jahrhundert.

Und der Becher, den er bringt, ist, obwohl er eure Lippen verbrennt, geformt aus dem Ton, den der Töpfer mit seinen heiligen Tränen benetzt hat.

Reiter beim Wettkampf, die einen bemalten Tonkrug zieren.
Iran, 12.–13. Jahrhundert.

KAPITEL SIEBZEHN

Von der Selbsterkenntnis

Und ein Mann sagte: Sprich uns von der Selbsterkenntnis.

Und er antwortete und sagte:

Eure Herzen kennen im Stillen die Geheimnisse der Tage und Nächte.

Aber eure Ohren dürsten nach den Klängen des Wissens in euren Herzen.

Ihr wollt in Worten wissen, was ihr in Gedanken immer gewusst habt.

Ihr wollt mit den Händen den nackten Körper eurer Träume berühren. Und das ist gut so.

Die verborgene Quelle eurer Seele muss unbedingt emporsteigen und murmelnd zum Meer fließen;

Und der Schatz eurer unendlichen Tiefen möchte euren Augen offenbart werden.

Aber wiegt den unbekannten Schatz nicht mit Waagschalen.

Und erforscht die Tiefen eures Wissens nicht mit Messstock oder Senkschnur.

Denn das Ich ist ein Meer, grenzenlos und unermesslich.

Sagt nicht: „Ich habe die Wahrheit gefunden“, sondern lieber: „Ich habe eine Wahrheit gefunden.“

Sagt nicht: „Ich habe den Pfad der Seele gefunden.“ Sagt lieber: „Ich habe die Seele auf meinem Pfad wandelnd getroffen.“

Denn die Seele wandelt auf allen Pfaden.

Die Seele wandelt nicht auf einer Linie, noch wächst sie wie ein Schilfrohr.

Die Seele entfaltet sich wie eine Lotosblume mit zahllosen Blättern.

Zwei Elfenbeinplatten mit Palmetten und Lotosblättern, im phönizischen Stil dekoriert, ca. 13. Jahrhundert v. Chr.

KAPITEL ACHTZEHN

Vom Lehren

Dann sagte ein Lehrer: Sprich uns vom Lehren.
Und er sagte:

Niemand kann euch etwas eröffnen, das nicht schon im Dämmern eures Wissens schlummert.

Der Lehrer, der zwischen seinen Jüngern im Schatten des Tempels umhergeht, gibt nicht von seiner Weisheit, sondern eher von seinem Glauben und seiner Liebe.

Wenn er wirklich weise ist, fordert er euch nicht auf, ins Haus seiner Weisheit einzutreten, sondern führt euch an die Schwelle eures eigenen Geistes.

Der Astronom kann euch von seinem Verständnis des Weltraums reden, aber er kann euch nicht sein Verständnis geben.

Der Musiker kann euch vom Rhythmus singen, der im Weltraum ist, aber er kann euch weder das Ohr geben, das den Rhythmus festhält, noch die Stimme, die ihn wiedergibt.

Und wer der Wissenschaft der Zahlen kundig ist, kann vom Reich der Gewichte und Maße berichten, aber er kann euch nicht dorthin führen.

Denn die Einsicht eines Menschen verleiht ihre Flügel keinem anderen.

Und wie jeder von euch allein in Gottes Wissen steht, so muss jeder von euch allein in seinem Wissen von Gott und seinem Verständnis der Erde sein.

Zwei indische Astronomen beobachten die Sterne,
aus einer astrologischen Abhandlung in Sanskrit, ca. 1840.

KAPITEL NEUNZEHN

Von der Freundschaft

Und ein junger Mann sagte: Sprich uns von der Freundschaft.

Und er antwortete und sagte:

Euer Freund ist die Antwort auf eure Nöte.

Er ist das Feld, das ihr mit Liebe besät und mit Dankbarkeit erntet.

Und er ist euer Tisch und euer Herd.

Denn ihr kommt zu ihm mit eurem Hunger, und ihr sucht euren Frieden bei ihm.

Wenn euer Freund frei heraus spricht, fürchtet ihr weder das „Nein" in euren Gedanken, noch haltet ihr mit dem „Ja" zurück.

Und wenn er schweigt, hört euer Herz nicht auf, dem seinen zu lauschen;

Denn in der Freundschaft werden alle Gedanken, alle Wünsche, alle Erwartungen ohne Worte geboren und geteilt, mit Freude, die keinen Beifall braucht.

Wenn ihr von eurem Freund weggeht, trauert ihr nicht, denn was ihr am meisten an ihm liebt, ist vielleicht in seiner Abwesenheit klarer, wie der Berg dem Bergsteiger von der Ebene aus klarer erscheint.

Und die Freundschaft soll keinen anderen Zweck haben, als den Geist zu vertiefen.

Denn Liebe, die etwas anderes sucht als die Offenbarung ihres eigenen Mysteriums, ist nicht Liebe, sondern ein ausgeworfenes Netz: Und nur das Nutzlose wird gefangen.

Und lasst euer Bestes für euren Freund sein. Wenn er die Ebbe eurer Gezeiten kennen muss, lasst ihn auch das Hochwasser kennen.

Denn was ist ein Freund, wenn ihr ihn nur aufsucht, um die Stunden totzuschlagen?

Sucht ihn auf, um die Stunden mit ihm zu erleben. Denn er ist da, eure Bedürfnisse zu befriedigen, nicht aber eure Leere auszufüllen.

Und in der Süße der Freundschaft lasst Lachen sein und geteilte Freude.

Denn im Tau kleiner Dinge findet das Herz seinen Morgen und wird erfrischt.

Glasierter Terrakotta-Teller mit zwei Männern, die sich in der Nähe eines Flusses ausruhen. Iran, 18. Jahrhundert.

KAPITEL ZWANZIG

Vom Reden

Und dann sagte ein Gelehrter: Sprich vom Reden.

Und er antwortete und sagte:

Ihr redet, wenn ihr aufhört, mit euren Gedanken in Frieden zu sein;

Und wenn ihr nicht länger in der Einsamkeit eures Herzens verweilen könnt, lebt ihr in euren Lippen, und das Wort ist euch Ablenkung und Zeitvertreib.

Und in vielen eurer Gespräche wird das Denken halb ermordet.

Denn der Gedanke ist ein Vogel, der Raum braucht und in einem Käfig von Worten zwar seine Flügel ausbreiten, aber nicht fliegen kann.

Es sind welche unter euch, die den Redseligen suchen, weil sie Angst haben, allein zu sein.

Die Stille des Alleinseins offenbart ihren Augen ihr nacktes Ich, und sie möchten flüchten.

Und es sind welche unter euch, die reden und dabei ohne Wissen oder Absicht eine Wahrheit aufdecken, die sie selber nicht verstehen.

Und wieder andere haben die Wahrheit in sich, aber sie drücken sie nicht in Worten aus.

In der Brust solcher Menschen weilt der Geist in rhythmischer Stille.

Osmanischer Teller aus Iznik, 16. Jahrhundert,
auf dem dargestellt ist, wie ein Gesuch an den König gerichtet wird,
aus Firdausis Schahname *(Königsbuch).*

Wenn ihr euren Freund auf der Straße oder auf dem Marktplatz trefft, soll der Geist in euch eure Lippen bewegen und eure Zunge lenken.

Soll die Stimme in eurer Stimme zum Ohr seines Ohrs sprechen;

Denn seine Seele wird die Wahrheit eures Herzens bewahren, wie man sich an den Geschmack von Wein erinnert,

Wenn auch seine Farbe vergessen und das Gefäß nicht mehr da ist.

Vogel auf dem Ast eines Baumes ruhend.
Bunte osmanische Keramik aus Iznik, 16. Jahrhundert.

KAPITEL EINUNDZWANZIG

Von der Zeit

Und ein Astronom sagte: Meister, was ist mit der Zeit?

Und er antwortete:

Ihr wollt die Zeit messen, die maßlose und unermessliche.

Nach Stunden und Jahreszeiten wollt ihr euren Wandel richten und sogar den Lauf des Geistes lenken.

Aus der Zeit wollt ihr einen Strom machen, an dessen Ufer ihr sitzt und zuschaut, wie er fließt.

Doch das Zeitlose in euch ist sich der Zeitlosigkeit des Lebens bewusst,

Und weiß, dass Gestern nichts anderes ist als die Erinnerung von Heute und Morgen der Traum von Heute.

Und das, was in euch singt und sinnt, immer noch innerhalb der Grenzen jenes ersten Augenblicks weilt, der die Sterne in den Weltraum schleuderte.

Wer unter euch fühlt nicht, dass seine Kraft zu lieben grenzenlos ist?

Und wer fühlt dennoch nicht, dass die Liebe, obgleich grenzenlos, im Kern ihres Seins eingeschlossen ist und nicht von Liebesgedanken zu Liebesgedanken oder von Liebestat zu Liebestat zieht?

Und ist nicht die Zeit wie die Liebe, ungeteilt und ungezügelt?

Doch wenn ihr in eurem Denken die Zeit in Jahreszeiten messen müsst, lasst eine jede Jahreszeit all die anderen umfassen,

Und lasst das Heute die Vergangenheit mit Erinnerung umschlingen und die Zukunft mit Sehnsucht.

KAPITEL ZWEIUNDZWANZIG

Vom Guten und Bösen

Und einer der Ältesten der Stadt sagte: Sprich uns vom Guten und Bösen.

Und er antwortete:

Vom Guten in euch kann ich sprechen, aber nicht vom Bösen.

Denn was ist das Böse anderes als das Gute, von seinem eigenen Hunger und Durst gequält?

Wahrhaftig, wenn das Gute hungrig ist, sucht es Nahrung sogar in dunklen Höhlen; und wenn es durstig ist, trinkt es sogar aus toten Gewässern.

Ihr seid gut, wenn ihr eins mit euch seid.

Doch wenn ihr nicht eins mit euch seid, seid ihr dennoch nicht böse.

Denn ein uneiniges Haus ist keine Räuberhöhle; es ist nur ein entzweites Haus.

Und ein Schiff ohne Ruder kann ziellos zwischen gefährlichen Inseln treiben und doch nicht auf den Grund sinken.

Ihr seid gut, wenn ihr danach strebt, von euch selber zu geben.

Doch ihr seid nicht böse, wenn ihr danach trachtet, etwas für euch selber zu gewinnen.

Denn wenn ihr nach Gewinn trachtet, seid ihr nichts als eine Wurzel, die sich an die Erde klammert und an ihrer Brust saugt.

Sicher kann die Frucht nicht zur Wurzel sagen: „Sei wie ich, reif und voll, und gib immer von deiner Fülle."

Denn für die Frucht ist das Geben eine Notwendigkeit, so wie Empfangen eine Notwendigkeit für die Wurzel ist.

Ihr seid gut, wenn ihr hellwach seid in eurer Rede.

Doch ihr seid nicht böse, wenn ihr schlaft, während eure Zunge ziellos stammelt.

Und selbst holpriges Reden kann eine schwache Zunge kräftigen.

Ihr seid gut, wenn ihr fest und mit kühnen Schritten auf euer Ziel zugeht.

Doch ihr seid nicht böse, wenn ihr hinkend darauf zugeht.

Selbst die Hinkenden gehen nicht rückwärts.

Aber ihr, die ihr stark und schnell seid, seht zu, dass ihr nicht vor den Lahmen hinkt und es für Freundlichkeit haltet.

Ihr seid auf zahllose Weisen gut, und ihr seid nicht böse, wenn ihr nicht gut seid,

Ihr seid nur säumig und faul.

Schade, dass die Hirsche den Schildkröten nicht Schnelligkeit beibringen können.

In eurer Sehnsucht nach eurem höchsten Ich liegt eure Güte: Und diese Sehnsucht ist in allen von euch.

Aber in einigen von euch ist diese Sehnsucht ein Wildwasser, das mit Macht zum Meer rast und die Geheimnisse der Hügel und die Lieder des Waldes mit sich trägt. Und in anderen ist sie ein flacher Bach, der sich in Windungen und Biegungen verliert und sich aufhält, ehe er die Küste erreicht.

Aber wer viel ersehnt, sage nicht zu dem, der wenig ersehnt: „Warum bist du so langsam und zaghaft?"

Denn der wahrhaft Gute fragt nicht den Nackten: „Wo ist dein Gewand?" und auch nicht den Obdachlosen: „Was ist mit deinem Haus geschehen?"

Springende Rehe, von einer Gefahr aufgeschreckt, schmücken dieses Seidentuch aus dem safawidischen Iran, 17. Jahrhundert.

KAPITEL DREIUNDZWANZIG

Vom Beten

Dann sagte eine Priesterin: Sprich uns vom Beten.

Und er antwortete und sagte:

Ihr betet in eurer Not und Pein; würdet ihr doch auch in der Fülle eurer Freude und in den Tagen des Überflusses beten.

Denn was ist das Gebet anderes als die Entfaltung eurer selbst in den lebendigen Äther hinein?

Und wenn es zu eurem Trost ist, das Finstere in euch in den Raum zu ergießen, ist es auch zu eurer Freude, die Morgenröte eures Herzens darin zu verströmen.

Und wenn ihr nichts anderes könnt als weinen, wenn eure Seele euch zum Beten aufruft, sollte sie euch trotz des Weinens immer und immer wieder dazu anspornen, bis ihr lacht.

Wenn ihr betet, erhebt ihr euch und trefft in den Lüften jene, die zur selben Stunde beten und denen ihr nur im Gebet begegnen könnt.

Daher soll euer Besuch in diesem unsichtbaren Tempel nur der Verzückung und süßen Kommunion dienen.

Denn wenn ihr den Tempel aus keinem anderen Grund betreten solltet als zu bitten, werdet ihr nicht empfangen:

Und wenn ihr ihn betreten solltet, um euch zu erniedrigen, werdet ihr nicht erhöht:

Oder sogar wenn ihr ihn betreten solltet, um zum Wohl anderer zu bitten, werdet ihr nicht erhört.

Es ist genug, dass ihr den unsichtbaren Tempel betretet.

Ich kann euch nicht lehren, wie man in Worten betet.

Gott hört nicht auf eure Worte, außer wenn Er selber sie durch eure Lippen ausspricht.

Und ich kann euch nicht das Gebet der Meere und der Wälder und der Berge lehren.

Aber ihr, die ihr aus den Bergen und den Wäldern und den Meeren geboren seid, könnt ihr Gebet in eurem Herzen finden,

Und wenn ihr nur in der Stille der Nacht hinhört, werdet ihr sie schweigend sagen hören:

„Unser Gott, der du bist unser geflügeltes Ich, es ist dein Wille in uns, der will.

Es ist dein Wunsch in uns, der wünscht.

Es ist dein Drängen in uns, das unsere Nächte, die dein sind, in Tage verwandelt, die auch dein sind.

Wir können dich um nichts bitten, denn du kennst unsere Bedürfnisse, ehe sie in uns geboren werden;

Dich brauchen wir; und indem du uns mehr von dir gibst, gibst du uns alles.“

KAPITEL VIERUNDZWANZIG

Vom Vergnügen

Dann trat ein Einsiedler vor, der die Stadt einmal im Jahr besuchte, und sagte: Sprich uns vom Vergnügen.

Und er antwortete und sagte:

Vergnügen ist ein Lied der Freiheit,

Aber es ist keine Freiheit.

Es ist die Blüte eurer Wünsche,

Aber es ist nicht ihre Frucht.

Es ist eine Tiefe, die nach einer Höhe ruft,

Aber es ist weder tief noch hoch.

Es ist das Vergitterte, das sich davonschwingt,

Aber es ist nichts Raumumfassendes.

Ja, wahrhaftig, Vergnügen ist ein Lied der Freiheit.

Und gerne hätte ich, ihr würdet es aus vollem Herzen singen; doch will ich nicht, dass ihr eure Herzen beim Singen verliert.

Einige Junge unter euch suchen das Vergnügen als sei es alles, und sie werden getadelt und verurteilt.

Ich würde sie weder tadeln noch verurteilen. Ich würde sie suchen lassen.

Denn sie werden Vergnügen finden, aber nicht es allein;

Sieben Schwestern hat es an der Zahl, und die Geringste von ihnen ist schöner als das Vergnügen.

Habt ihr nicht von dem Mann gehört, der in der Erde nach Wurzeln grub und einen Schatz fand?

Und einige Ältere unter euch erinnern sich an Vergnügungen mit Bedauern wie an Untaten, begangen in der Trunkenheit.

Aber Bedauern ist die Trübung des Geistes und nicht seine Läuterung.

Sie sollten sich ihrer Vergnügungen mit Dankbarkeit erinnern wie an die Ernte eines Sommers.

Doch wenn Bedauern sie tröstet, dann soll es sie trösten.

Und es sind welche unter euch, die weder jung genug sind, um zu suchen, noch alt genug, um sich zu erinnern;

Und in ihrer Angst vor dem Suchen und Erinnern scheuen sie alle Vergnügungen, damit sie den Geist nicht vernachlässigen oder sich daran versündigen.

Aber selbst in ihrem Verzicht liegt Vergnügen.

Und so finden auch sie einen Schatz, obwohl sie mit zitternden Händen nach Wurzeln graben.

Aber sagt mir, wer kann den Geist verletzen?

Wird die Nachtigall die Stille der Nacht verletzen oder der Glühwurm die Sterne?

Und wird eure Flamme oder euer Rauch dem Wind etwas aufbürden?

Meint ihr, der Geist sei ein stiller Tümpel, den ihr mit einem Stab aufwirbeln könnt?

Oft, indem ihr euch Vergnügen versagt, verlagert ihr bloß das Verlangen danach in die dunklen Winkel eures Seins.

Wer weiß, ob was heute ausgelassen scheint, nicht auf morgen wartet?

Selbst euer Körper kennt sein Erbe und seine berechtigten Bedürfnisse und will nicht betrogen werden. Und euer Körper ist die Harfe eurer Seele.

Und es ist an euch, süße Musik aus ihm zu locken oder wirre Töne.

Und nun fragt ihr in eurem Herzen: „Wie sollen wir das Gute am Vergnügen von dem unterscheiden, was nicht gut ist?"

Geht auf eure Felder und in eure Gärten, und ihr werdet lernen, dass es der Biene ein Vergnügen ist, Honig aus der Blume zu sammeln,

Aber es ist auch der Blume ein Vergnügen, ihren Honig der Biene zu geben.

Denn der Biene ist die Blume ein Quell des Lebens,

Und der Blume ist die Biene ein Bote der Liebe,

Und beiden, Biene und Blume, ist es Bedürfnis und Verzückung, Vergnügen zu geben und zu nehmen.

Leute von Orphalese, seid in euren Vergnügungen wie die Blumen und die Bienen.

KAPITEL FÜNFUNDZWANZIG

Von der Schönheit

Und ein Dichter sagte: Sprich uns von der Schönheit.

Und er antwortete:

Wo werdet ihr Schönheit suchen und sie finden, wenn sie nicht selber euer Weg und Führer ist?

Und wie werdet ihr von ihr sprechen, wenn sie nicht selber die Weberin eurer Rede ist?

Die Gekränkten und Verletzten sagen: „Schönheit ist gütig und sanft.

Wie eine junge Mutter, ein wenig schüchtern wegen ihrer eigenen Herrlichkeit, geht sie unter uns."

Und die Leidenschaftlichen sagen: „Nein, Schönheit ist ein machtvolles und furchterregendes Wesen.

Wie der Sturm schüttelt sie die Erde unter uns und den Himmel über uns."

Die Müden und die Erschöpften sagen: „Schönheit ist sanftes Geflüster. Sie spricht in unserem Geist. Ihre Stimme fügt sich unserer Stille wie ein schwaches Licht, das in Angst vor dem Schatten zittert."

Doch die Ruhelosen sagen: „Wir haben sie in den Bergen rufen hören,

Und mit ihren Rufen kamen Hufgeräusche und Flügelschlagen und Löwengebrüll."

Bei Nacht sagen die Wächter der Stadt: „Schönheit wird

Schöner Jüngling mit Flasche und Tasse auf einem lebhaft gestalteten safawidischen Seidentuch von Rizzi-i-Abbasi, 17. Jahrhundert.

sich mit der Morgenröte aus dem Osten erheben." Und zur Mittagszeit sagen die Arbeiter und Wanderer: „Wir haben gesehen, wie sie sich aus den Fenstern der Abendröte über die Erde neigte."

Im Winter sagen die Eingeschneiten: „Sie wird mit dem Frühling über die Hügel gesprungen kommen."

Und in der Sommerhitze sagen die Schnitter: „Wir haben sie mit den Herbstblättern tanzen sehen, einen Schneestreif im Haar."

All das habt ihr von der Schönheit gesagt,

Doch in Wahrheit spracht ihr nicht von ihr, sondern von unbefriedigten Bedürfnissen,

Und Schönheit ist kein Bedürfnis, sondern eine Verzückung.

Sie ist weder ein dürstender Mund noch eine leere ausgestreckte Hand,

Sondern ein entflammtes Herz und eine verzauberte Seele.

Sie ist weder das Bild, das ihr sehen möchtet, noch das Lied, das ihr hören möchtet,

Sondern ein Bild, das ihr seht, obwohl ihr eure Augen zumacht, und ein Lied, das ihr hört, obwohl ihr eure Ohren verschließt.

Sie ist weder der Saft in der schrundigen Rinde noch ein Flügel an einer Klaue,

Sondern ein Garten in ständiger Blüte und eine Engelschar in stetigem Flug.

Leute von Orphalese, Schönheit ist Leben, wenn das Leben sein heiliges Gesicht entschleiert.

Aber ihr seid das Leben und ihr seid der Schleier.

Schönheit ist Ewigkeit, die sich in einem Spiegel anschaut.

Aber ihr seid die Ewigkeit und ihr seid der Spiegel.

KAPITEL SECHSUNDZWANZIG

Von der Religion

Und ein alter Priester sagte: Sprich uns von der Religion.

Und er antwortete:

Habe ich heute von etwas anderem gesprochen?

Ist nicht jede Tat und jede Betrachtung Religion?

Und ist sie nicht gleichzeitig weder Tat noch Nachdenken, sondern ein Wunder und eine Überraschung, die ewig der Seele entspringen, selbst während die Hände den Stein behauen oder den Webstuhl bedienen?

Wer kann seinen Glauben von seinen Taten trennen oder seinen Glauben von seinen Tätigkeiten?

Wer kann seine Stunden vor sich ausbreiten und sagen: „Dies für Gott und dies für mich; dies für meine Seele und dies für meinen Körper?"

All eure Stunden sind Flügel, die von Ich zu Ich durch den Raum gleiten.

Wer seine Sittlichkeit bloß als sein bestes Gewand trägt, wäre besser nackt.

Der Wind und die Sonne werden keine Löcher in seine Haut reißen.

Und wer seinen Lebenswandel durch die Sittenlehre begrenzt, sperrt seinen Singvogel in einen Käfig.

Das freieste Lied dringt nicht durch Gitter und Draht.

Und wem die Andacht ein Fenster ist, das man öffnet und schließt, der hat noch nicht das Haus seiner Seele besucht, dessen Fenster von Morgenröte zu Morgenröte reichen.

Euer tägliches Leben ist euer Tempel und eure Religion.

Wann immer ihr ihn betretet, nehmt alles mit, was ihr habt.

Nehmt den Pflug und den Amboss und den Hammer und die Laute,

Die Dinge, die ihr aus Notwendigkeit oder zur Freude geschaffen habt.

Denn in euren Tagträumen könnt ihr euch nicht über eure Leistungen erheben und auch nicht tiefer fallen als eure Misserfolge.

Und nehmt mit euch alle Menschen:

Denn in der Anbetung könnt ihr nicht höher fliegen als ihre Hoffnungen und euch nicht tiefer erniedrigen als ihre Hoffnungslosigkeit.

Und wenn ihr Gott erkennen wollt, bildet euch deshalb nicht ein, die Rätsel lösen zu können.

Schaut lieber um euch, und ihr werdet sehen, wie Er mit euren Kindern spielt.

Und schaut in den Raum; ihr werdet sehen, wie Er in der Wolke geht und Seine Arme im Blitz ausstreckt und im Regen herabsteigt.

Ihr werdet sehen, wie Er in den Blumen lächelt, aufsteigt und aus den Bäumen winkt.

KAPITEL SIEBENUNDZWANZIG

Vom Tod

Dann sprach Almitra: Wir möchten nun nach dem Tod fragen.

Und er sagte:

Ihr möchtet das Geheimnis des Todes kennen lernen. Aber wie werdet ihr es finden, wenn ihr es nicht im Herzen des Lebens sucht?

Die Eule, deren Nachtaugen am Tag blind sind, kann das Mysterium des Lichts nicht entschleiern.

Wenn ihr wirklich den Geist des Todes schauen wollt, öffnet eure Herzen weit dem Körper des Lebens.

Denn Leben und Tod sind eins, so wie der Fluss und das Meer eins sind.

In der Tiefe eurer Hoffnungen und Wünsche liegt euer stilles Wissen um das Jenseits;

Und wie Samen, der unter dem Schnee träumt, träumt euer Herz vom Frühling.

Traut den Träumen, denn in ihnen ist das Tor zur Ewigkeit verborgen. Eure Angst vor dem Tod ist nichts als das Zittern des Hirten, wenn er vor dem König steht, der ihm zur Ehre die Hand auflegen wird.

Freut sich der Hirte unter seinem Zittern nicht, dass er das Zeichen des Königs tragen wird?

Doch gewahrt er sein Zittern nicht viel mehr?

Iranische Miniatur aus dem 16. Jahrhundert: Ein Todesengel, der wenig Furcht einflößend erscheint, holt die Seele eines guten Menschen.

Denn was heißt sterben anderes, als nackt im Wind zu stehen und in der Sonne zu schmelzen?

Und was heißt nicht mehr zu atmen anderes, als den Atem von seinen rastlosen Gezeiten zu befreien, damit er emporsteigt und sich entfaltet und ungehindert Gott suchen kann?

Nur wenn ihr vom Fluss der Stille trinkt, werdet ihr wirklich singen.

Und wenn ihr den Gipfel des Berges erreicht habt, dann werdet ihr anfangen zu steigen.

Und wenn die Erde eure Glieder fordert, dann werdet ihr wahrhaft tanzen.

Im Kreise seiner Diener sitzt ein König auf dem Thron in einem Garten und begrüßt einen Besucher. Glasierte Keramik, Kashan, Iran, spätes 12. Jahrhundert.

KAPITEL ACHTUNDZWANZIG

Der Abschied

Und nun war es Abend.

Und Almitra, die Seherin, sagte: Gesegnet sei dieser Tag und dieser Ort und dein Geist, der geredet hat.

Und er antwortete:

War ich der Redner?

War ich nicht auch ein Zuhörer?

Dann ging er die Stufen des Tempels hinab, und alle folgten ihm. Und er erreichte sein Schiff und blieb auf dem Deck stehen.

Und sich nochmals an die Menschen wendend, erhob er die Stimme und sagte:

Leute von Orphalese, der Wind gebietet mir, euch zu verlassen.

Ich habe es weniger eilig als der Wind, doch ich muss gehen.

Wir Wanderer, die immer den einsameren Weg suchen, beginnen keinen Tag, wo wir den letzten beendet haben; und kein Sonnenaufgang findet uns, wo der Sonnenuntergang uns verließ.

Selbst während die Erde schläft, reisen wir.

Wir sind die Samen der beharrlichen Pflanze, und in unserer Reife und unserer Fülle des Herzens werden wir dem Wind preisgegeben und verstreut.

Kurz waren meine Tage unter euch und kürzer noch die Worte, die ich gesprochen habe.

Doch sollte meine Stimme in eurem Ohr verklingen und

meine Liebe eurer Erinnerung entschwinden, dann werde ich wiederkommen,

Und mit reicherem Herzen und dem Geist willfährigeren Lippen werde ich sprechen.

Ja, ich werde wiederkehren mit der Flut,

Und mag der Tod mich verbergen und die größere Stille mich umhüllen, ich werde dennoch wieder euer Verstehen suchen.

Und nicht vergeblich werde ich suchen.

Wenn etwas wahr ist, das ich gesagt habe, wird diese Wahrheit sich in einer klareren Stimme offenbaren und in Worten, die euren Gedanken enger verwandt sind.

Ich fahre mit dem Wind, Leute von Orphalese, aber nicht in die Leere hinunter;

Und wenn dieser Tag nicht eine Erfüllung eurer Bedürfnisse und meiner Liebe ist, dann lasst ihn ein Versprechen auf einen anderen Tag sein.

Die Bedürfnisse des Menschen ändern sich, aber nicht seine Liebe und nicht sein Wunsch, dass seine Liebe seine Bedürfnisse befriedigen sollte.

Darum wisst, dass ich aus der größeren Stille zurückkehren werde.

Der Nebel, der in der Morgenröte wegzieht und nichts als Tau auf den Feldern zurücklässt, wird emporsteigen und sich in einer Wolke sammeln und dann im Regen niederfallen.

Und nicht viel anders als der Nebel bin ich gewesen.

In der Stille der Nacht bin ich durch eure Straßen gegangen, und mein Geist ist in eure Häuser eingekehrt,

Und eure Herzschläge waren in meinem Herzen, und euer Atem war auf meinem Gesicht, und ich kannte euch alle.

Ja, ich kannte eure Freude und euren Schmerz, und wenn ihr schlieft, waren eure Träume die meinen.

Und oft war ich unter euch ein See zwischen Bergen. Ich spiegelte die Gipfel in euch und die sich neigenden Abhänge und sogar die vorbeiziehenden Herden eurer Gedanken und eurer Wünsche.

Und in meine Stille drang das Lachen eurer Kinder in Bächen und die Sehnsucht eurer Jugendlichen in Strömen.

Und als sie meine Tiefe erreichten, hörten die Bäche und die Ströme noch nicht auf zu singen.

Aber Süßeres noch als Lachen und Größeres noch als Sehnsucht kam zu mir.

Es war das Grenzenlose in euch;

Der unermessliche Mensch, in dem ihr nichts anderes seid als Zellen und Sehnen;

Er, in dessen Gesang all euer Singen nichts als ein tonloses Pochen ist.

In ihm, dem unermesslichen Menschen, seid ihr unermesslich,

Und indem ihr ihn erschautet, erschaute ich euch und liebte euch.

Denn welche Entfernungen kann Liebe erreichen, die nicht in jener unermesslichen Sphäre sind?

Welche Visionen, welche Erwartungen und welche Mutmaßungen können sich höher aufschwingen als ihr Flug?

Wie eine riesige Eiche, bedeckt mit Apfelblüten, ist der unermessliche Mensch in euch.

Seine Macht bindet euch an die Erde, sein Duft hebt euch in den Raum, und in seiner Dauerhaftigkeit seid ihr unsterblich.

Euch ist gesagt worden, dass ihr gleich einer Kette so schwach seid wie euer schwächstes Glied.

Dies ist nur die halbe Wahrheit. Ihr seid auch so stark wie euer stärkstes Glied.

Euch nach eurer geringsten Tat zu messen, heißt, die Kraft des Ozeans nach der Zartheit seines Schaums zu berechnen.

Euch nach euren Misserfolgen zu beurteilen, heißt, den Jahreszeiten ihre Unbeständigkeit vorzuwerfen.

Ja, ihr seid wie ein Ozean,

Und obwohl fest verankerte Schiffe an euren Küsten die Flut erwarten, könnt ihr wie der Ozean doch nicht die Flut schneller herbeiführen.

Und auch wie die Jahreszeiten seid ihr,

Und obwohl ihr in eurem Winter euren Frühling leugnet,

Ruht doch der Frühling in euch und lächelt in seiner Benommenheit und ist nicht gekränkt.

Glaubt nicht, ich sage diese Dinge, damit der eine zu dem anderen sagt: „Er hat uns hoch gelobt. Er sah nichts als das Gute in uns."

Ich drücke nur in Worten für euch aus, was ihr in Gedanken selber wisst.

Und was ist Wissen in Worten anderes als ein Schatten wortlosen Wissens?

Eure Gedanken und meine Worte sind Wellen aus einem versiegelten Gedächtnis, das Bericht gibt von unseren gestrigen Tagen,

Und von den alten Tagen, da die Erde weder uns noch sich selber kannte,

Und von Nächten, da die Erde in Verwirrung aufgewühlt war.

Glänzend bemalte Fayence-Schüssel, die ein Seeschiff zeigt.
Valencia oder Málaga, ca. 1300.

Weise sind zu euch gekommen, um euch von ihrer Weisheit zu geben. Ich kam, um von eurer Weisheit zu nehmen:

Und, seht, ich habe gefunden, was größer ist als Weisheit.

Es ist ein Flammengeist in euch, der sich immer mehr steigert,

Während ihr, seiner Entfaltung ungeachtet, das Vergehen eurer Tage beklagt.

Nur ein Leben, das das Leben im Körper sucht, fürchtet das Grab. Hier gibt es keine Gräber.

Diese Berge und Ebenen sind eine Wiege und ein Trittstein.

Jedes Mal, wenn ihr an dem Feld vorbeikommt, in dem ihr eure Vorfahren beigesetzt habt, schaut richtig hin, und ihr werdet euch und eure Kinder Hand in Hand tanzen sehen.

Wahrhaftig, ihr seid oft vergnügt, ohne es zu wissen.

Andere sind zu euch gekommen, denen ihr für goldene Versprechungen, die sie euch auf euer Vertrauen hin gemacht haben, bloß Reichtum, Macht und Ruhm gegeben habt.

Weniger als ein Versprechen habe ich gegeben, und doch seid ihr großzügiger zu mir gewesen.

Ihr habt mir meinen tieferen Lebensdurst gegeben.

Sicher gibt es kein größeres Geschenk für einen Menschen als das, was all seine Ziele zu brennenden Lippen und alles Leben zu einem Brunnen macht.

Und darin liegt meine Ehre und meine Belohnung:

Jedes Mal, wenn ich zum Trinken an den Brunnen komme, finde ich das lebendige Wasser selber durstig;

Und es trinkt mich, während ich es trinke.

Manche von euch haben mich für zu stolz und zu scheu gehalten, um Geschenke anzunehmen.

Zu stolz bin ich wirklich, um Lohn anzunehmen, aber nicht um Geschenke zu empfangen.

Und obwohl ich Beeren in den Hügeln gegessen habe, als ich an euren Tisch geladen war,

Und im Säulengang des Tempels geschlafen habe, als ihr mir mit Freude Obdach gewährt hättet,

War es zugleich nicht doch eure liebende Sorge um meine Tage und Nächte, die meinem Mund das Essen versüßte und meinen Schlaf mit Visionen umschloss?

Dafür segne ich euch am meisten:

Ihr gebt viel und wisst nicht, dass ihr etwas gebt.

Die Güte dagegen, die sich im Spiegel anschaut, wird zu Stein, und eine gute Tat, die sich mit zärtlichen Namen nennt, gebiert einen Fluch.

Und manche von euch haben mich unnahbar und von meinem Alleinsein trunken genannt,

Und ihr habt gesagt: „Er berät sich mit den Bäumen des Waldes, aber nicht mit Menschen.

Er sitzt allein auf Hügeln und schaut auf unsere Stadt herab."

Wahr ist, ich bin auf die Hügel gestiegen und an entfernten Orten gewandert.

Wie hätte ich euch sehen können, wenn nicht aus großer Höhe oder weiter Ferne?

Wie kann man wirklich nah sein, wenn man nicht weit ist?

Und andere unter euch schalten mich ohne Worte, und sie sagten: „Fremder, Liebhaber unerreichbarer Höhen, warum wohnst du in den Gipfeln, wo Adler ihre Nester bauen?

Welche Stürme willst du in deinem Netz fangen,

Und welche phantastischen Vögel jagst du am Himmel?

Komm und sei einer von uns!

Steig herab und still deinen Hunger mit unserem Brot und lösche deinen Durst mit unserem Wein!“

In der Einsamkeit ihrer Seelen sagten sie diese Dinge;

Doch wäre ihre Einsamkeit tiefer gewesen, hätten sie gewusst, dass ich nichts suchte als das Geheimnis eurer Freude und eures Schmerzes,

Und nur nach eurem höheren Ich jagte, das durch den Himmel streift.

Doch der Jäger war auch der Gejagte;

Denn viele meiner Pfeile verließen meinen Bogen nur, um meine eigene Brust zu suchen.

Und der Fliegende war auch der Kriechende;

Denn als meine Flügel in der Sonne ausgebreitet waren, war ihr Schatten auf der Erde eine Schildkröte.

Und ich, der Gläubige, war auch der Zweifler;

Denn oft habe ich den Finger in die eigene Wunde gelegt, damit mein Glaube an euch stärker und mein Wissen um euch größer werde.

Und mit diesem Glauben und diesem Wissen sage ich,

Ihr seid nicht in euren Körpern eingeschlossen, noch an die Häuser oder Felder gebunden.

Das, was ihr seid, wohnt über dem Berg und treibt mit dem Wind.

Es ist nicht etwas, das in der Sonne kriecht, um sich zu wärmen, oder Löcher ins Dunkel gräbt, um sicher zu sein,

Sondern etwas Freies, ein Geist, der die Erde umhüllt und sich im Äther bewegt.

Wenn dies unklare Worte sind, dann sucht nicht, sie zu klären.

Unklar und nebelhaft ist der Beginn aller Dinge, doch nicht ihr Ende,

Und ich hätte gern, dass ihr an mich als einen Beginn denkt.

Das Leben und alles, was lebt, ist im Nebel gezeugt und nicht im Kristall.

Und wer weiß, ob ein Kristall etwas anderes ist als Nebel in Zersetzung?

Darum möchte ich, dass ihr in der Erinnerung an mich denkt: Was am schwächsten und verwirrtesten in euch scheint, ist das Stärkste und Entschlossenste.

Ist es nicht euer Atem, der den Bau eurer Knochen aufgerichtet und gefestigt hat?

Und ist es nicht ein Traum, an den keiner von euch sich erinnert, der eure Stadt baute und alles schuf, was darin ist?

Könntet ihr nur den Strom dieses Atems sehen, würdet ihr alles andere nicht mehr sehen,

Und wenn ihr das Geflüster des Traums hören könntet, würdet ihr keinen anderen Ton mehr hören.

Aber ihr seht nicht, und ihr hört nicht, und das ist gut.

Der Schleier, der eure Augen umwölkt, wird gehoben werden von den Händen, die ihn webten,

Und der Lehm, der eure Ohren füllt, wird durchbohrt werden von den Fingern, die ihn kneteten.

Und ihr werdet sehen.

Und ihr werdet hören.

Doch werdet ihr nicht beklagen, die Blindheit gekannt zu haben, noch bedauern, taub gewesen zu sein.

Denn an jenem Tag werdet ihr den verborgenen Sinn in allen Dingen erkennen,

Und ihr werdet die Dunkelheit preisen, wie ihr das Licht preisen werdet.

Nachdem er das gesagt hatte, schaute er um sich, und er sah den Lotsen seines Schiffes am Steuer stehen und nun auf die vollen Segel und dann wieder in die Weite schauen.

Und er sagte:

Geduldig, allzu geduldig ist der Kapitän meines Schiffes.

Der Wind weht, und rastlos sind die Segel;

Selbst das Ruder bittet um Lenkung;

Doch ruhig wartet mein Kapitän, dass ich schweige.

Und meine Seeleute, die den Chor des offenen Meeres gehört haben, auch sie haben mir geduldig zugehört.

Nun sollen sie nicht länger warten.

Ich bin bereit.

Der Strom hat das Meer erreicht, und noch einmal drückt die große Mutter ihren Sohn an die Brust.

Lebt wohl, Leute von Orphalese.

Dieser Tag ist zu Ende.

Er schließt sich über uns, wie sich die Wasserlilie bis zum nächsten Morgen schließt.

Was uns hier gegeben wurde, werden wir bewahren,

Und wenn es nicht genügt, dann müssen wir abermals zusammenkommen und zusammen unsere Hände dem Geber entgegenstrecken.

Vergesst nicht, dass ich zu euch zurückkommen werde.

Eine kleine Weile noch, und meine Sehnsucht wird Staub und Schaum für einen anderen Körper sammeln.

Eine kleine Weile noch, ein Augenblick des Ruhens auf dem Wind, und eine andere Frau wird mich gebären.

Lebt wohl, ihr und die Jugend, die ich bei euch verbracht habe.

Erst gestern begegneten wir uns in einem Traum.

Ihr habt in meinem Alleinsein gesungen, und aus euren Sehnsüchten habe ich einen Turm in den Himmel gebaut.

Doch nun ist unser Schlaf entflohen, und unser Traum ist vorbei, und die Morgenröte ist vorüber.

Der Mittag steht über uns, und unser halbes Wachen ist zum volleren Tag geworden, und wir müssen scheiden.

Wenn wir uns im Dämmer der Erinnerung noch einmal begegnen sollten, werden wir wieder miteinander reden, und ihr werdet mir ein tieferes Lied singen.

Und wenn unsere Hände sich in einem anderen Traum begegnen sollten, werden wir einen weiteren Turm in den Himmel bauen.

Mit diesen Worten gab er den Seeleuten ein Zeichen, und sofort lichteten sie den Anker und lösten das Schiff von seiner Vertäuung und fuhren gen Osten.

Und ein Schrei erhob sich von den Menschen wie aus einer Brust, und er stieg in die Dämmerung und wurde wie von Fanfaren übers Meer getragen.

Nur Almitra schwieg und schaute dem Schiff nach, bis es im Nebel verschwunden war.

Und als die Menge sich zerstreut hatte, blieb sie noch allein auf der Kaimauer stehen und erinnerte sich in ihrem Herzen seiner Worte:

„Eine kleine Weile noch, ein Augenblick des Ruhens auf dem Wind, und eine andere Frau wird mich gebären."

TEIL ZWEI

Der Garten des Propheten

Almustafa, der Erwählte und Geliebte, der seiner Zeit als Mittag des Lebens galt, kehrte im Monat Tischrin auf die Insel zurück, wo er das Licht der Welt erblickt hatte.

Als sein Schiff den Hafen erreichte, stand er am Bug, umgeben von den Seeleuten. Und Freude über die Heimkehr erfüllte sein Herz.

Mit einer Stimme, in der das Meer nachhallte, sagte er: Seht die Insel unserer Geburt! Hier hat uns die Erde hervorgebracht – als Lied und als Rätsel; als Lied für den Himmel und als Rätsel für die Erde. Und welche Macht zwischen Himmel und Erde könnte das Lied emportragen und das Rätsel lösen, wenn nicht die Liebe?

Einmal mehr bringt uns die See an diese Küste zurück. Wir sind nur eine ihrer Wellen. Sie sendet uns aus, ihre Botschaft zu verkünden; doch wie sollen wir dies tun, ohne die Symmetrie unseres Herzens aufzubrechen zwischen Felsen und Sand?

Denn dies ist das Gesetz der Seefahrer: Wenn ihr die Freiheit sucht, müsst ihr zu Nebel werden. Das Formlose strebt immer nach Form, so wie die zahlreichen Nebel danach streben, Sonnen und Monde zu werden. Und wir, die wir lange suchten und nun in fest umrissener Gestalt auf diese Insel zurückkehren, müssen wieder zu Nebel werden und von den Anfängen lernen. Was könnte leben und sich zu den Höhen aufschwingen, wenn es nicht zuvor gebrochen wird vom Leid und von der Freiheit? Immer werden wir auf der Suche nach den Küsten sein, wo wir singen und wo unser Gesang gehört wird. Doch was ist mit der Welle, die bricht, ohne dass ein Ohr es vernimmt? Es ist das Ungehörte in uns, das uns Kummer bereitet. Und es ist das Ungehörte, das unserer Seele Form verleiht und unser Geschick gestaltet.

Da trat einer der Seeleute auf ihn zu und sagte: Meister, du hast unsere Sehnsucht nach diesem Hafen entfacht und bestärkt. Und siehe da, kaum sind wir hier, da sprichst du von Leid und gebrochenen Herzen.

Er entgegnete: Sprach ich nicht auch von Freiheit und vom Nebel, der unsere größere Freiheit ist? Doch gebe ich zu, dass ich auch Trauer empfinde auf meiner Pilgerfahrt zu der Insel meiner Geburt, und ich fühle mich wie der Geist eines Erschlagenen, der zurückkehrt, um vor denjenigen zu knien, die ihn erschlugen.

Ein anderer Seemann sagte: Sieh die Menschen am Kai. Sie haben den Tag und die Stunde deines Kommens vorausgeahnt, und sie verließen ihre Felder und Weinberge in dem Verlangen, dich willkommen zu heißen.

Almustafa schaute auf die Menschenmenge in der Ferne; er wurde sich ihrer großen Sehnsucht bewusst und schwieg.

Da erhob sich ein Schrei aus der Menge, ein Schrei der Wiedersehensfreude und der Erwartung.

Er blickte auf die Seeleute und sprach: Was habe ich ihnen mitgebracht? Ich war ein Jäger in fernen Landen. Zielsicher und kraftvoll verschleuderte ich die goldenen Pfeile, die sie mir gaben, und machte doch keine Beute. Ich folgte nicht einmal den Pfeilen. Vielleicht fliegen sie jetzt unter der Sonne, in den Flügeln verwundeter Adler, die nicht auf die Erde fallen wollen; oder sie sind in die Hände von Menschen gelangt, die ihrer bedurften, damit sie Brot und Wein hätten. Ich weiß nicht, was

ihnen während des Fluges widerfahren ist, aber ich weiß, sie haben ihre Bahnen am Himmel gezogen.

Doch die Hand der Liebe ruht auf mir und ihr Seeleute habt mich und meine Vision an diese Küste gelenkt, darum werde ich nicht stumm bleiben. Ich werde laut reden, wenn sich die Hand der Jahreszeiten auf meine Kehle legt, und ich werde meine Worte singen, wenn meine Lippen brennen.

Sie waren ergriffen in ihren Herzen, als er so sprach, und einer von ihnen sagte: Meister, lehre uns alles! Vielleicht werden wir dich verstehen, denn dein Blut fließt in unseren Adern, und in unseren Atem mischt sich dein Wohlgeruch.

Darauf antwortete er ihnen mit einer Stimme, in der man den Wind wehen hörte: Habt ihr mich auf die Insel meiner Geburt zurückgebracht, damit ich euer Lehrer sei? Bis jetzt bin ich noch kein Gefangener der Weisheit. Zu jung und unerfahren bin ich, um von etwas anderem zu sprechen als von mir selbst und meinem Herzen, das nach mehr Tiefe ruft.

Lasst den, der nach Weisheit sucht, sie in der Butterblume finden oder in einer Hand voll Tonerde. Ich bin immer noch ein Singender. Immer wieder werde ich die Erde besingen wie unsere verlorenen Träume, die unsere Tage heimsuchen zwischen einem Schlaf und dem anderen.

Und das Schiff lief in den Hafen ein und erreichte die Kaimauer. Almustafa betrat die Insel seiner Geburt und stand wieder unter seinen Landsleuten. Aus ihrer Menge erscholl lautes Rufen, so dass die Einsamkeit in seinem Herzen verflog.

Alle warteten gespannt auf ein Wort, doch er schwieg, denn

Paradiesischer Garten mit Motiven aus Flora und Fauna.
Teppich aus dem nordwestlichen Iran, 16. Jahrhundert.

die Erinnerung überfiel ihn und stimmte ihn traurig. Und er sagte zu sich: Habe ich geglaubt, dass ich singen werde? Nein, ich kann nur meinen Mund öffnen, damit die Stimme des Lebens daraus hervortrete und sich mit dem Wind vermische zur Freude und zum Trost der Zuhörer.

Da sagte Karima, mit der er im Garten seiner Mutter gespielt hatte, als sie Kinder waren: Zwölf Jahre lang hast du dein Antlitz vor uns verborgen, und zwölf Jahre lang haben wir nach deiner Stimme gehungert und gedürstet.

Er sah sie mit unermesslicher Zärtlichkeit an, denn sie hatte die Augen seiner Mutter geschlossen, als die weißen Schwingen des Todes sie umfingen.

Und er antwortete ihr: Zwölf Jahre? Sagtest du zwölf Jahre, Karima? Ich maß meine Sehnsucht nicht mit dem Sternenrohr und ihre Tiefe nicht mit dem Lot. Denn die Liebe und erst recht das Heimweh denken nicht daran, Zeit zu messen oder auszuloten.

Es gibt Momente, die erscheinen uns wie Ewigkeiten der Trennung. Doch was ist Abschied anderes als eine Erschöpfung des Geistes, und vielleicht waren wir gar nicht getrennt?

Almustafa blickte auf die Menschenmenge, und er sah sie alle: die Jungen und die Alten, die Starken und die Schwachen, die von Sonne und Wind Gebräunten und solche blasser Hautfarbe. Und auf all ihren Gesichtern leuchtete die Sehnsucht neben fragenden Blicken.

Einer von ihnen sagte: Meister, das Leben hat unsere Hoffnungen und Wünsche bitter enttäuscht. Wir sind beunruhigt, und wir verstehen nicht warum. Ich flehe dich an, tröste uns und enthülle uns den Sinn unseres Leids!

Sein Herz war von Mitleid bewegt, und er sagte: Das Leben ist älter als alle Lebewesen; die Schönheit erstrahlte, bevor das

Schöne auf Erden Gestalt annahm, und das Wahre war Wahrheit, ehe es ausgesprochen wurde.

Das Leben singt in unserem Schweigen, und es träumt in unserem Schlaf. Selbst wenn wir betrübt und niedergeschlagen sind, triumphiert das Leben in uns. Und wenn wir weinen, dann lächelt es in den Tag, und es bleibt frei, selbst wenn wir gefesselt sind. Oft nennen wir das Leben trist, doch nur, wenn wir selber traurig und bitter sind; und oft halten wir es für nutzlos und leer, doch nur, wenn unsere Seelen sich an trostlosen Plätzen aufhalten und wenn das Herz trunken ist von Selbstüberschätzung.

Das Leben ist tief, prächtig und weit; und obgleich eure Visionen nur seine Fußspitzen erreichen können, ist es uns doch nahe; und wenn auch nur der Hauch eures Atems sein Herz erreicht, so streift doch der Schatten eures Schattens sein Gesicht, und der Widerhall eures leisesten Rufens wird in seiner Brust zu Frühling und Herbst.

Und das Leben ist verhüllt wie euer größeres Selbst. Doch wenn das Leben zu sprechen beginnt, so werden alle Winde zu Worten, und wenn es weiter spricht, verwandelt es das Lächeln auf euren Lippen und die Tränen in euren Augen zu Worten. Und wenn das Leben singt, so hören es Taube und sind ergriffen; wenn es sich langsam nähert, so sehen es Blinde und folgen ihm voller Staunen.

Er beendete seine Rede, und Schweigen ergriff die Menge; und das Schweigen enthielt ein lautloses Lied und sie waren getröstet in ihrer Betrübnis.

Und er verließ sie und begab sich auf den Pfad zu seinem Garten; es war der Garten seiner Mutter und seines Vaters, in dem diese an der Seite ihrer Vorfahren ruhten.

Einige hatten ihm folgen wollen, als sie sahen, dass er alleine an seine Heimstatt zurückkehrte und dass niemand da war, um ihm ein Wiedersehensfest auszurichten, wie es im Lande Brauch war.

Doch der Kapitän des Schiffes hatte sie daran gehindert und gesagt: Lasst ihn alleine gehen, denn er nährt sich vom Brot der Einsamkeit und in seinem Becher ist der Wein der Erinnerung, den er alleine trinken möchte.

Die Seeleute blieben stehen, denn sie verstanden, dass der Kapitän Recht hatte und dass es sich so verhielt, wie er sagte. Und alle, die sich am Kai versammelt hatten, um ihn zu erwarten, nahmen Abstand davon, ihn zu begleiten.

Nur Karima folgte ihm eine kurze Wegstrecke, im Verlangen, seine Einsamkeit und seine Erinnerung zu teilen. Doch sie schwieg, und bald wandte sie sich ihrem eigenen Haus zu, und im Garten, unter dem Mandelbaum, begann sie zu weinen, ohne zu wissen warum.

Almustafa erreichte den Garten seiner Mutter und seines Vaters; er betrat ihn und schloss das Tor hinter sich, damit ihm keiner folgen konnte.

Vierzig Tage und vierzig Nächte blieb er allein in diesem Haus und in diesem Garten. Niemand kam zu dem Tor, das er geschlossen hatte; alle wussten, dass er allein sein wollte.

Und als die vierzig Tage und Nächte vorüber waren, öffnete Almustafa das Tor für diejenigen, die eintreten wollten.

Und es kamen neun Männer zu ihm in den Garten: drei Seeleute seines Schiffes, drei Tempeldiener und drei Kameraden, mit denen er in der Kindheit gespielt hatte. Diese wurden seine Schüler.

Eines Morgens saßen seine Schüler um ihn versammelt,

während seine Blicke in die Ferne schweiften. Da sagte einer von ihnen, Hafiz mit Namen: Meister, erzähl uns von der Stadt Orphalese und von dem Land, in dem du zwölf Jahre lang weiltest!

Almustafa verharrte schweigend, während er zu den fernen Hügeln blickte und in den weiten Himmelsraum, und sein Schweigen verbarg eine innere Spannung.

Nach einer Weile sagte er: Meine Freunde und Weggefährten! Bedauernswert ist eine Nation, die voller Überzeugungen ist, aber ohne Religion.

Bedauernswert ist ein Volk, dessen Bewohner Kleider tragen,

Bankett mit Musikern und Tänzern am Hof von Naser Ad-Din Schah. Keramik, Mitte 19. Jahrhundert, Iran.

die sie nicht selber woben, die ein Brot essen, dessen Getreide sie nicht selber ernteten, und die einen Wein trinken, den sie nicht selber kelterten.

Bedauernswert ist ein Volk, das den Despoten zum Helden erklärt und den Eroberer für wohltätig hält.

Bedauernswert ist ein Volk, das im Traum eine Leidenschaft verschmäht, der es sich wachend ergibt.

Bedauernswert ist ein Volk, das seine Stimme nicht erhebt, es sei denn beim Begräbnis; das nichts außer seinen Ruinen rühmt und nicht rebelliert, es sei denn, sein Nacken liegt bereits zwischen Schwert und Richtblock.

Bedauernswert ist das Volk, dessen Staatsmann ein Fuchs ist, dessen Philosoph ein Schwindler und dessen Kunst aus Nachahmung besteht.

Bedauernswert ist ein Volk, das einen neuen Herrscher mit Trompetenklang empfängt und ihn mit Hohngelächter verabschiedet, um einen wiederum neuen Herrscher mit Trompetenklang zu empfangen.

Bedauernswert ist ein Volk, darin die Weisen im Alter verstummen, während seine starken Männer noch in der Wiege liegen.

Bedauernswert ist ein Volk, das gespalten ist, so dass sich jeder Teil für ein eigenes Volk hält.

Ein anderer Schüler sagte: Sprich zu uns über das, was dich im Augenblick bewegt!

Almustafa sah diesen Mann an, und seine Stimme hatte den Klang eines singenden Sterns, als er antwortete: Wenn ihr in euren Tagträumen schweigend eurem tieferen Ich lauscht, werden eure Gedanken wie Schneeflocken tanzen, und sie werden alle Geräusche eurer Umgebung mit einer weißen Schneedecke schmücken.

Und was sind Wachträume anderes als Wolken, die am Himmelsbaum eures Herzens knospen und blühen? Und eure Gedanken, sind sie nicht die Blütenblätter, die der Wind eures Herzens über Hügel und Felder verstreut?

Und wie ihr den Frieden erwartet, bis das Gestaltlose in euch Form annimmt, so werden sich die Wolken sammeln und zerstreuen, bis die heiligen Finger des Höchsten ihre grauen Wünsche in kristallene Sonnen, Monde und Sterne verwandeln.

Sarkis, der Schüler, den bisweilen Zweifel befielen, gab zu bedenken: Doch der Frühling wird kommen, der Schnee unserer Träume und Gedanken wird schmelzen, und sie werden aufhören zu sein.

Er entgegnete: Wenn der Frühling kommt, um seine Geliebte in den schlummernden Hainen und Weinlauben zu suchen, wird der Schnee gewiss schmelzen; er wird in Sturzbächen von den Hügeln fließen, um den Fluss im Tal zu erreichen, und er wird für Lorbeer- und Myrtenbäume ein Mundschenk sein.

Ebenso wird der Schnee eurer Herzen schmelzen, sobald euer Frühling kommt, und euer Geheimnis wird in den Lebensfluss im Tal strömen. Der Fluss wird euer Geheimnis aufnehmen und es dem grenzenlosen Meer übergeben.

Alle Dinge werden schmelzen, sich auflösen und zu Liedern werden, wenn der Frühling kommt. Sogar die Sterne, diese riesigen Schneeflocken, werden sanft auf die weiten Felder fallen und sich auflösen in der Musik der Flüsse. Und wenn die Sonne des göttlichen Angesichts am weiten Horizont erscheint, wird es dann etwas Erstarrtes geben, das sich weigert, in fließende Melodie verwandelt zu werden? Und wer von euch wäre nicht gerne ein Mundschenk für Myrte und Lorbeer?

Gestern noch wart ihr auf hoher See, weit entfernt von der

Küste und auch von euch selbst. Dann wob euch der Wind, der Atem des Lebens, dessen Gesicht ein Schleier aus Licht verhüllt, seine Hand ergriff euch und gab euch eine Form, und erhobenen Hauptes blicktet ihr zu den Höhen auf. Doch das Meer folgte euch, und es singt immer noch sein Lied in euch. Obgleich ihr eure Herkunft vergessen habt, wird die große See für immer ihre Mutterschaft geltend machen, und immerfort wird sie euch zu sich rufen.

Auf euren Streifzügen durch Gebirge und Wüsten werdet ihr

Ein osmanischer Sultan auf seinem Thron, aus:
Die auserlesensten Weisheitssprüche und schönsten Reden von Al-Mubashshir, *Pergament, 13. Jahrhundert.*

euch stets der Tiefe und Frische ihres Herzens erinnern. Und wenn ihr auch oft nicht wisst, wonach ihr euch sehnt, so ist es gewiss ihr tiefer, grenzenloser Friede, den ihr sucht. Und wie könnte es auch anders sein?

Wenn in den Hainen und Weingärten der Hügel der Regen auf den Blättern tanzt und wenn der Schnee fällt – als Segen und Zeichen eines Bundes – und wenn ihr im Tal eure Herden an den Fluss führt und wenn auf euren Feldern, wo die Bäche die grüne Fläche wie Silberfäden durchziehen, in euren Gärten, wo der Morgentau den Himmel spiegelt, und auf euren Wiesen abendlicher Nebel euren Weg halb verhüllt, dann ist überall die große See mit euch, als Zeuge eures Erbes und auf der Suche nach eurer Liebe.

Es ist die Schneeflocke in euch, die das Meer sucht.

An einem Morgen, als sie im Garten spazieren gingen, erschien eine Frau am Gartentor; es war Karima, die Almustafa, als er ein Kind war, wie eine Schwester geliebt hatte.

Sie blieb vor dem Tor stehen, ohne zu rufen oder ans Tor zu klopfen; sie schaute nur sehnsüchtig und betrübt in den Garten.

Almustafa bemerkte die Sehnsucht in ihrem Blick und kam mit eiligen Schritten ans Tor; er öffnete ihr und hieß sie willkommen, als sie eintrat.

Da sprach sie: Warum hast du dich von uns allen zurückgezogen und uns das Licht deines Angesichts entzogen? Sieh, wir haben dich all die vielen Jahre geliebt und sehnsüchtig deine glückliche Heimkehr erwartet. Nun rufen die Leute mit lauter Stimme nach dir, denn sie wollen mit dir sprechen. Ich komme als ihre Botin; sie wollen, dass du dich dem Volk zeigst, um ihm von deiner Weisheit mitzuteilen, die gebrochenen Herzen zu trösten und uns alle vor unserer Torheit zu warnen.

Almustafa sah sie an und sagte: Nenne mich nicht weise, es sei denn, du nennst alle Menschen weise. Ich bin nichts als eine junge Frucht, die noch am Zweig hängt, und gestern noch war ich eine Blüte.

Und nennt niemanden von euch töricht, denn in Wahrheit sind wir alle weder Toren noch Weise. Wir sind grüne Blätter am Baum des Lebens; und das Leben ist jenseits der Weisheit – und gewiss jenseits der Torheit.

Und habe ich mich denn wirklich von euch zurückgezogen? Weißt du nicht, dass es für die Seele keine Entfernung gibt außer der, welche die Phantasie nicht zu überwinden weiß? Wenn aber die Seele sie kraft ihrer Vorstellung aufhebt, so wird sie zu einer ihr innewohnenden Melodie.

Die Entfernung zwischen euch und euren Nachbarn, die ihr nicht liebt, ist größer als die zwischen euch und euren Geliebten, die hinter sieben Ländern und sieben Meeren wohnen.

Denn in der Erinnerung gibt es keine Entfernung; nur im Vergessen tut sich ein Abgrund auf, den weder eure Stimme noch euer Auge überbrücken kann.

Zwischen den Küsten der Ozeane und den Gipfeln der höchsten Berge gibt es einen geheimen Weg, den ihr gehen müsst, bevor ihr eins werdet mit den Söhnen und Töchtern der Erde.

Auch zwischen eurem Wissen und eurem Verstehen gibt es einen geheimen Pfad, den ihr entdecken müsst, bevor ihr eins werdet mit den Menschen und mit euch selber.

Und zwischen eurer rechten Hand, die austeilt, und eurer Linken, die empfängt, besteht eine große Entfernung, die ihr nur verringern könnt, indem ihr beide Hände bereithaltet, zu geben und zu nehmen; und ihr könnt sie ganz überwinden, wenn ihr erkennt, dass ihr nichts zu geben und nichts zu empfangen habt.

Wahrlich, die größte Entfernung liegt zwischen den Bildern eures Schlafes und eurem Wachen, zwischen der Tat und dem Wunsch.

Und noch einen Weg gibt es, den ihr gehen müsst, bevor ihr eins werdet mit dem Leben. Doch darüber werde ich jetzt nicht sprechen, denn ich sehe, dass ihr schon des Reisens müde seid.

Dann ging er mit Karima und seinen neun Schülern auf den Marktplatz und sprach mit den Menschen, die dort versammelt waren: mit seinen Freunden und seinen Nachbarn, und Freude erfüllte ihre Herzen und ihre Blicke.

Und er sprach: Ihr wachst in eurem Schlaf, und reicher ist euer Leben, wenn ihr träumt. Denn alle Tage eures Lebens verbringt ihr mit Danksagung für das, was ihr in der Stille der Nacht erhalten habt.

Oft nennt ihr die Nacht eine Zeit der Ruhe; in Wirklichkeit ist sie die Zeit des Suchens und Findens.

Der Tag schenkt euch Wissen und lehrt eure Hände die Kunst des Empfangens; doch es ist die Nacht, die euch zur Schatzkammer des Lebens führt.

Die Sonne lehrt alle Lebewesen die Sehnsucht nach dem Licht. Doch es ist die Nacht, die uns alle zu den Sternen erhebt.

Wahrlich, es ist die Stille der Nacht, die einen Hochzeitsschleier webt, mit dem sie die Bäume der Wälder und die Blumen der Gärten schmückt; dann richtet sie ein verschwenderisches Fest aus und bereitet das Brautgemach, und in dieser heiligen Stille empfängt der Schoß der Zeit den neuen Tag.

So ist es auch mit euch; wenn ihr sucht, werdet ihr Nahrung und Erfüllung finden. Und wenn auch bei Tagesanbruch euer Erwachen die Erinnerung auslöscht, so ist der Tisch der Träume für immer gedeckt, und das Brautgemach erwartet euch.

Er schwieg, und seine Zuhörer warteten schweigend darauf, dass er fortfahre. Nach einer Weile sagte er: Ihr seid Geist, obgleich ihr euch in euren Körpern bewegt; wie das Öl, das im Dunkeln brennt, seid ihr Flammen, die in Lampen eingeschlossen sind.

Wäret ihr nur Körper, so wäre es nutzlos, vor euch zu stehen und zu euch zu sprechen – ebenso könnte ein Toter zu einem Toten reden. Doch so ist es nicht. Alles, was unsterblich in euch ist, ist frei bei Tag und bei Nacht, und es kann weder eingeschlossen noch gefesselt werden, denn dies ist der Wille des Höchsten. Ihr seid sein Atem, gleich dem Wind, den niemand einfangen noch einsperren kann. Und auch ich bin Atem von seinem Atem.

Nach diesen Worten verließ er sie mit schnellen Schritten und betrat wieder seinen Garten. Da wandte sich Sarkis, der

Zweifler, an ihn und fragte: Und wie verhält es sich mit der Hässlichkeit, Meister? Du sprichst nie darüber.

Almustafa antwortete ihm mit Worten, die Peitschenhieben glichen: Mein Freund, wer würde dich ungastlich nennen, wenn er an deinem Haus vorbeigeht, ohne anzuklopfen?

Und wer sollte dich für taub oder unaufmerksam halten, wenn man in einer fremden Sprache mit dir redet, die du nicht verstehst?

Ist nicht das Hässlichkeit für dich, was du nie zu erreichen suchtest und dessen Inneres du nie erforschen wolltest?

Wenn die Hässlichkeit existiert, dann nur als Schuppen auf unseren Augen und als Wachs, das unsere Ohren verstopft. Mein Freund, nenne nichts hässlich – außer der Furcht einer Seele angesichts ihrer eigenen Erinnerungen.

Einen Sinn für Ordnung symbolisieren diese geometrischen Fliesenmuster in der Großen Moschee in Thatta aus dem 17. Jahrhundert, die für Schah Jahan gebaut wurde.

Und eines Tages, als sie im Schatten weißer Pappeln saßen, sagte einer seiner Schüler zu ihm: Meister, die Zeit bereitet mir Angst; sie geht über uns hinweg und beraubt uns unserer Jugend. Und was gibt sie uns stattdessen zurück?

Er antwortete: Nimm eine Hand voll guter Erde! Findest du darin ein Samenkorn oder einen Wurm? Wäre deine Hand groß genug und hättest du genug Ausdauer, so könnte der Samen zu einem Wald werden und der Wurm zu einer Engelschar. Vergiss nicht, dass die Jahre, welche die Samen in Wälder verwandeln und die Würmer in Engel, ein Teil des *Heute* sind wie alle Jahre.

Und was sind die Jahreszeiten anderes als eure wechselnden Gedanken: Der Frühling ist das Erwachen eures Herzens und der Sommer die Entdeckung eurer eigenen Fruchtbarkeit. Und ist nicht der Herbst eure Vergangenheit, die dem Kind in euch ein Wiegenlied singt? Und sagt mir, was ist der Winter anderes als ein Schlaf, reich an Träumen aller anderen Jahreszeiten!

Manus, der wissbegierige Schüler, hatte seine Blicke schweifen lassen und die blühenden Pflanzen gesehen, die sich an eine Platane klammerten, und er sagte: Sieh diese Parasiten, Meister! Was hältst du von ihnen? Sind sie nicht Diebe mit schweren Augenlidern, die den treuen Kindern der Sonne das Licht stehlen? Sie ziehen die Kraft aus dem Lebenssaft, der durch die Zweige und Blätter der Bäume fließt.

Almustafa entgegnete: Mein Freund, wir alle sind Parasiten. Wir, die wir arbeiten, um die Grassode in sattes Leben zu verwandeln, sind nicht mehr wert als diejenigen, die von diesem Stück Erde leben, von dem sie nichts wissen.

Oder tadelt der Sänger sein Lied: Kehre zurück in die Grotte des Echos, aus der du hervorgegangen bist, denn du raubst mir den Atem?

Und sagt der Hirte zum Lamm: Ich habe keine Weide mehr, auf die ich dich führen kann, darum lass dich schlachten und werde zu einer Opfergabe?

Nein, mein Freund, all diese Fragen sind schon beantwortet, bevor sie gestellt werden – ebenso wie eure Träume, die erfüllt werden, bevor ihr schlaft.

Wir leben einer durch den anderen, gemäß einem uralten, zeitlosen Gesetz. Leben wir also in gegenseitigem Wohlwollen! Wir suchen einander in unserer Einsamkeit, und wir irren umher, wenn wir keine Feuerstelle haben, an der wir sitzen können.

Meine Freunde und meine Brüder, der breite Weg ist euer Gefährte!

Diese Pflanzen, die sich am Baum festklammern, trinken die süße Milch der Erde in der Stille der Nacht; und die Erde in ihrem friedlichen Traum trinkt an den Brüsten der Sonne.

Und die Sonne sitzt, so wie du und ich und alle Lebewesen, gleich geachtet an der Tafel des Prinzen, dessen Tür allezeit geöffnet und dessen Tafel immer gedeckt ist.

Manus, mein Freund, alles lebt immer von allem und alles Lebendige lebt im Glauben, grenzenlos, von der Güte und Großmut des Höchsten.

Und eines Morgens, als es noch dämmerte, gingen sie zusammen durch den Garten; sie richteten ihre Blicke gen Osten und schwiegen beim Anblick der aufgehenden Sonne.

Nach einer Weile deutete Almustafa in die Ferne und sprach: Der Widerschein der Morgensonne in einem Tautropfen ist nicht weniger schön als die Sonne selber, und die Spiegelung des Lebens in eurer Seele ist nicht weniger kostbar als das Leben selber.

Der Tautropfen spiegelt das Licht, denn er ist eins mit ihm. Und ihr spiegelt das Leben, denn ihr seid eins mit ihm.

Wenn euch Dunkelheit umgibt, sagt euch: Diese Dunkelheit ist der noch nicht geborene Morgen; wenn ich jetzt unter den Geburtswehen der Dunkelheit leide, so wird schon bald die Morgenröte über mir aufgehen wie über den Hügeln.

Und der Tautropfen in der tiefen Blüte der Lilie gleicht euch, deren Seelen im Herzen Gottes ruhen.

Wenn ein Tautropfen sagt: In Jahrtausenden werde ich nichts

anderes sein als ein Tautropfen, so entgegnet ihm: Weißt du nicht, dass sich das Licht aller Jahre in deiner Oberfläche spiegelt?

Und eines Abends erhob sich ein heftiger Sturm. Almustafa und seine Schüler gingen ins Haus hinein und setzten sich schweigend um das Feuer.

Nach einer Weile sagte einer der Schüler: Ich bin allein, Meister, und die Schläge der Stunden klopfen unbarmherzig gegen meine Brust.

Almustafa erhob sich, trat in ihre Mitte und sprach mit einer Stimme, die einem starken Wind glich: Allein, sagst du? Was soll das heißen? Du kamst alleine in diese Welt, und du wirst alleine sein, wenn der Nebel dich wieder aufnimmt.

Darum trink deinen Becher allein und schweigend! Die Herbsttage haben anderen Lippen andere Becher gegeben und sie mit bitterem und süßem Wein gefüllt, so wie sie deinen Becher füllten.

Trink deinen Becher allein – auch wenn er den Geschmack deines Blutes und deiner Tränen hat, und preise das Leben für die Gabe des Durstes! Denn ohne Durst ist dein Herz nichts anderes als das Ufer einer unfruchtbaren See – ohne Gezeiten und ohne Gesang.

Trink deinen Becher allein, und trink ihn fröhlich!

Erhebe ihn hoch über deinen Kopf, dann trinke ihn bis zur Neige auf das Wohl all derer, die ebenfalls alleine trinken.

Früher suchte ich die Gesellschaft der Menschen; ich setzte mich an ihre Festtafel und trank mit ihnen. Doch ihr Wein stieg mir weder zu Kopfe, noch drang er in mein Herz, er sickerte nur in meine Füße. Meine Weisheit blieb verdorrt und mein Herz verschlossen. Nur meine Füße waren bei ihnen in ihrem Dunst.

Da hörte ich auf, die Gesellschaft der Menschen zu suchen; und ich trank keinen Wein mehr an ihren Festtafeln.

Darum lass dir sagen: Wenn auch die Schläge der Stunden heftig gegen deine Brust klopfen, was kümmert es dich? Es ist gut für dich, den Becher des Kummers allein zu trinken ebenso wie den Becher der Freude.

Und eines Tages, als Phardrous, der Grieche, im Garten umherging, stieß er seinen Fuß an einem Stein. Ärgerlich ging er zurück, hob den Stein auf und sagte leise: Totes Ding auf meinem Weg! Und er warf den Stein weg.

Almustafa, der Erwählte und Geliebte, sagte darauf zu ihm: Warum nennst du den Stein ein totes Ding? Bist du so lange in diesem Garten gewesen und weißt immer noch nicht, dass es hier nichts Totes gibt? Alle Dinge hier leben, und sie glühen vom Wissen des Tages und von der Majestät der Nacht. Du und der Stein sind eins. Der einzige Unterschied besteht in eurem Herzschlag. Dein Herz klopft ein wenig schneller, mein Freund. Es ist nicht so ruhig, nicht wahr?

Der Rhythmus des Steines ist sicher anders als der deines Herzens. Aber ich sage dir: Wenn du in die Tiefen deines Herzens hineinhorchst und die Höhen des Horizonts ermisst, so wirst du eine einzige Melodie vernehmen, und in diese Melodie stimmen der Stein und der Stern gleichermaßen ein.

Wenn du meine Worte jetzt noch nicht verstehst, so gedulde dich bis zu einem anderen Tag. Hast du den Stein beschimpft, weil du in deiner Blindheit darüber gestolpert bist, so würdest du auch einen Stern schelten, wenn dein Kopf bis zum Himmel reichte.

Doch ein Tag wird kommen, an dem du Steine und Sterne sammeln wirst, wie ein Kind die Lilien des Tales sammelt. Und dann wirst du wissen, dass all diese Dinge lebendig sind und Wohlgeruch verbreiten.

Und am ersten Tag der Woche, als sie den Klang der Tempelglocken vernahmen, fragte ihn einer seiner Schüler: Meister, wir hören hier viel von Gott. Was hast du über Gott zu sagen? Wer ist er wirklich?

Almustafa erhob sich, und er stand vor ihnen wie ein junger Baum, der weder Wind noch Sturm fürchtet, und sprach:

Meine Gefährten und meine Freunde, stellt euch ein Herz vor, das all eure Herzen enthält, eine Liebe, die all eure Liebe umfasst, einen Geist, in dem sich der Geist eines jeden von euch wiederfindet, eine Stimme, die all eure Stimmen in sich vereint, und ein Schweigen, das tiefer ist als das eure und zudem zeitlos und ewig.

Und nun stellt euch in eurem Innern eine Schönheit vor, die zauberhafter ist als alles Schöne zusammen, einen Choral, der mächtiger ist als die Lieder des Meeres und des Waldes, eine Majestät auf einem Thron, neben dem Orion nur ein Fußschemel ist; diese Majestät hält ein Zepter, das so sehr funkelt und glänzt, dass die Plejaden dagegen wie Tautropfen erscheinen.

Bisher habt ihr euch damit begnügt, Nahrung und Unterkunft zu suchen, ein Gewand und einen Stab. Sucht von nun an den Einen, der weder ein Ziel für eure Pfeile ist, noch eine Grotte, die euch vor den Elementen schützt.

Und erscheinen euch meine Worte hart wie Felsgestein und rätselhaft, so sucht dennoch, ihren Sinn zu ergründen, bis eure Herzen brechen und euer Suchen euch zur Liebe und zur Weisheit des Höchsten führt, den wir Gott nennen.

Sie schwiegen, und ihre Herzen waren verwirrt. Almustafa empfand Mitleid mit ihnen; er sah sie mitfühlend an und fuhr fort: Sprechen wir nicht mehr von Gott dem Vater! Sprechen wir vielmehr von göttlichen Naturen wie eure Nachbarn, eure Brüder und jene Kräfte der Natur, die eure Häuser und Felder umgeben.

Dank eurer Phantasie könnt ihr euch bis zu den Wolken erheben; und ihr haltet dies für hoch. Ihr könnt mit Hilfe eurer Phantasie das unermessliche Meer überqueren; und ihr haltet dies für eine große Entfernung.

Doch ich sage euch: Wenn ihr ein Samenkorn in die Erde legt, gelangt ihr höher hinaus; und wenn ihr mit eurem Nachbarn die Schönheit des Morgens bewundert, überquert ihr ein größeres Meer.

Zu oft besingt ihr Gott, den Unendlichen, doch in Wirklichkeit hört ihr das Lied nicht. Könntet ihr doch das Lied der Singvögel vernehmen und jenes der fallenden Blätter, wenn der Wind vorüberzieht; und vergesst nicht, meine Freunde, dass diese Blätter nur singen, wenn sie von den Zweigen getrennt werden.

Noch einmal bitte ich euch, nicht so leichthin von Gott zu reden, der unser Alles ist! Sprecht vielmehr über das, was ihr versteht, von Nachbar zu Nachbar, von göttlicher Natur zu göttlicher Natur.

Denn wer wollte das Vogeljunge im Nest füttern, wenn seine Mutter zum Himmel fliegt? Und welche Anemone auf dem Feld sollte Erfüllung finden, wenn sie nicht durch die Biene mit einer anderen Anemone vermählt wird?

Nur wenn ihr verloren seid in eurem schwächeren Selbst, blickt ihr zum Himmel empor, den ihr Gott nennt. Könntet ihr doch Wege zu eurem größeren Selbst finden! Wäret ihr doch weniger eitel und würdet diese Wege ebnen.

Meine Seeleute und meine Freunde, es wäre weiser, weniger von Gott zu reden, den wir nicht verstehen, und mehr voneinander, die wir uns verstehen können. Doch sollt ihr euch stets bewusst sein, dass wir der Atem und der Wohlgeruch Gottes sind. Wir sind Gott im Blatt, in der Blume und oft auch in der Frucht.

Und eines Morgens, als die Sonne hoch am Himmel stand, sagte einer der Schüler, die schon in seiner Kindheit mit ihm gespielt hatten: Meister, mein Gewand ist abgetragen und ich besitze kein anderes. Lass mich auf den Markt gehen um zu sehen, ob ich da etwas Passendes für mich finde!

Almustafa sah den jungen Mann an und sagte zu ihm: Gib mir dein Gewand! Der Schüler gehorchte und stand nackt in der Mittagssonne.

Da sprach Almustafa, und seine Stimme glich einem Ross auf der Rennbahn: Nur die Nackten leben in der Sonne. Nur der Einfältige reitet auf dem Wind. Und nur derjenige, der seinen Weg tausendmal verliert, wird heimkehren.

Die Engel sind des Schlauen überdrüssig. Erst gestern sagte einer von ihnen zu mir: Wir schufen die Hölle für diejenigen, die glitzern und glänzen. Gibt es etwas anderes als das Feuer, das eine glänzende Oberfläche verdunkeln und ein Ding bis ins Innerste schmelzen kann?

Ich entgegnete dem Engel: Aber als ihr die Hölle schuft, habt ihr doch auch Teufel geschaffen, um sie zu beherrschen.

Nein, erwiderte der Engel, die Hölle wird von denjenigen regiert, die dem Feuer standhalten.

Ein weiser Engel! Er kennt die Wege der Menschen und derer, die nur zur Hälfte Menschen sind. Er ist einer der Seraphim, die den Propheten beistehen, wenn sie von schlauen Menschen in Versuchung geführt werden, und bestimmt lächelt er, wenn die Propheten lächeln, und er weint, wenn sie weinen.

Meine Freunde, meine Seeleute, nur die Nackten leben in der Sonne. Und das weite Meer kann nur der befahren, der kein Steuerruder hat. Nur wer dunkel ist mit der Nacht, wird mit dem Morgenrot erwachen; und nur derjenige, der mit den Wurzeln unter der Schneedecke schläft, wird den Frühling erleben.

Auch ihr seid wie Wurzeln, und wie sie seid ihr einfach; doch ihr besitzt die Weisheit der Erde; und ihr schweigt, doch in euren ungeborenen Zweigen schlummert der Chor der vier Winde.

Ihr seid verwundbar und ohne feste Form; doch seid ihr der Beginn mächtiger Eichen und das sich abzeichnende Muster riesiger Weiden gegen den Himmel.

Noch einmal sage ich euch: Ihr seid nur Wurzeln zwischen der dunklen Scholle und dem vorüberziehenden Himmel.

Oft sah ich euch aufstehen, um mit dem Licht zu tanzen, und dann wieder sah ich euch scheu an eurem Platz verharren. Alle Wurzeln sind scheu. Sie haben ihr Herz so lange versteckt, dass sie jetzt nichts damit anzufangen wissen.

Aber der Mai wird kommen, und der Mai ist eine rastlose Jungfrau, welche den Hügeln und Tälern eine Mutter sein wird.

Und ein Mann, der im Tempel gedient hatte, bat ihn: Lehre uns, Meister, dass unsere Worte – ebenso wie die deinen – Lied und Weihrauch für das Volk seien!

Und Almustafa sprach: Ihr sollt über eure Worte hinauswachsen, aber euer Weg soll fortdauern, ein Rhythmus und Wohlgeruch. Ein Rhythmus für alle Liebenden und Geliebten, und ein Wohlgeruch für diejenigen, die davon träumen, in einem Garten zu leben. Ihr sollt über eure Worte hinausreichen bis zu einem Gipfel, auf den der Staub der Sterne fällt; und ihr sollt eure Hände öffnen, bis sie vom Sternenstaub gefüllt sind;

dann legt euch hin und schlaft wie ein weißes Vogeljunges in einem weißen Nest. Und ihr werdet von eurer Zukunft träumen, wie weiße Veilchen vom Frühling träumen. Auch sollt ihr tiefer dringen als eure Worte! Ihr sollt die verlorenen Quellen der Ströme suchen; und ihr sollt eine verborgene Grotte sein, die das Echo gedämpfter Stimmen aus ihren Tiefen zurückwirft, Worte, die ihr jetzt nicht einmal hören könnt. Ihr sollt tiefer dringen als eure Worte, tiefer als alle Töne, bis zum wahren Herzen der Erde; und dort werdet ihr alleine sein mit Ihm, der auf der Milchstraße wandelt.

Dann stellte ihm einer seiner Schüler die Frage: Meister, sprich zu uns vom Sein! Was bedeutet es zu *sein?*

Almustafa sah diesen Schüler lange liebevoll an. Er erhob sich und entfernte sich ein wenig von ihnen. Dann kam er zurück und sagte: In diesem Garten ruhen mein Vater und meine Mutter, begraben von den Händen der Lebenden; und auch die Saaten vergangener Jahre, die der Wind hierhertrug, liegen in diesem Garten begraben.

Tausendmal werden meine Mutter und mein Vater hier begraben werden, und tausendmal wird der Wind den Samen begraben. In tausend Jahren werden wir, ihr und ich und diese Blumen, in diesem Garten zusammenkommen – so wie heute –, und wir werden sein durch die Liebe zum Leben, und wir werden sein, wenn wir vom Kosmos träumen, und wir werden sein, indem wir uns zur Sonne ausstrecken.

Aber heute und jetzt zu sein, bedeutet: weise zu sein, ohne sich dem Narren fremd zu fühlen; stark zu sein, doch nicht auf Kosten des Schwachen; mit kleinen Kindern zu spielen, doch nicht als ihr Vater, sondern als Spielkamerad, der ihre Spiele lernen will.

Es heißt: einfach und offen zu sein mit alten Männern und

Frauen und mit ihnen im Schatten alter Eichen zu sitzen, obgleich ihr selber im Frühling eures Lebens steht. Es heißt: auf der Suche nach einem Dichter zu sein, selbst wenn er hinter sieben Flüssen lebt, und in seiner Gesellschaft Frieden zu finden, wunschlos, ohne Zweifel und ohne Frage auf den Lippen.

Es bedeutet: zu wissen, dass der Heilige und der Sünder Zwillingsbrüder sind, deren Vater unser barmherziger König ist, und dass der eine nur einen Augenblick vor dem anderen das Licht der Welt erblickte, weshalb wir ihn als Kronprinz betrachten.

Es bedeutet: der Schönheit zu folgen, auch wenn sie euch an den Rand des Abgrunds führt, und selbst wenn sie Flügel hat und ihr keine; ja, ihr sollt ihr sogar folgen, wenn sie über dem Abgrund schwebt, denn wo es keine Schönheit gibt, gibt es nichts.

Es bedeutet: ein Garten ohne Mauern zu sein, ein Weinberg ohne Wächter und eine Schatzkammer, die allen Vorübergehenden offen steht.

Es heißt: auch wenn man betrogen, bestohlen und ausgenutzt, ja, getäuscht, irregeführt und bespottet wird, trotz allem von der Höhe eures größeren Ichs herabzuschauen und zu lächeln in der festen Überzeugung, dass es einen Frühling für euren Garten geben wird, der in euren Blättern tanzen wird, sowie einen Herbst, der eure Reben reifen lässt.

Es heißt: zu wissen, dass ihr nur ein Fenster zum Osten hin öffnen müsst, um niemals allein zu sein; dass all jene, die man Übeltäter, Diebe und Betrüger nennt, eure Brüder in der Not sind, und dass ihr vielleicht all das selber seid in den Augen der seligen Bewohner der unsichtbaren Stadt, die jenseits dieser sichtbaren Stadt liegt.

Und nun sage ich euch, deren Hände all jene Dinge finden

und formen, die nötig sind für unser Wohlergehen bei Tag und bei Nacht: Zu *sein* bedeutet, ein Weber zu sein mit sehenden Fingern, ein Baumeister, der Licht und Raum beachtet, ein Bauer, dem bewusst ist, dass er mit jedem Samenkorn einen Schatz vergräbt; ein Fischer und Jäger zu sein mit Mitgefühl für den Fisch und das Wild, aber mit noch größerem Erbarmen über den Hunger des Menschen. Vor allem sage ich euch dies: Wie gerne sähe ich, dass ihr euch zusammenschließen und euch zu gemeinsamem Werk verbünden würdet, denn nur so könnt ihr hoffen, eure eigenen Ziele zu erreichen.

Meine Gefährten und meine Freunde, seid mutig und nicht zaghaft, großzügig und nicht kleinlich, und seid bis zu meiner und eurer letzten Stunde euer größeres Selbst!

Er schwieg, und Schwermut überfiel die neun; ihre Herzen wandten sich von ihm ab, denn sie verstanden seine Worte nicht.

Die drei Seeleute sehnten sich nach dem Meer und die Tempeldiener nach dem Trost, den sie im Heiligtum fanden, und seine ehemaligen Spielkameraden zog es auf den Marktplatz. Alle waren sie taub für seine Worte, so dass ihr Klang zu ihm zurückkehrte wie heimatlose Vögel, die eine Zuflucht suchen.

Almustafa entfernte sich von ihnen und ging im Garten auf und ab, ohne etwas zu sagen und ohne sie anzusehen.

Die Schüler begannen, miteinander zu diskutieren, und sie suchten nach Vorwänden, um sich zu verabschieden.

Schließlich machten sie kehrt, und sie gingen ein jeder seines Weges, und Almustafa, der Erwählte und Geliebte, blieb allein zurück.

Und als es Nacht geworden war, ging er zum Grab seiner Mutter und setzte sich unter die Zeder, die dort gewachsen war. Da erschien am Himmel der Schatten eines großen

Lichtes, und der ganze Garten glänzte wie ein kostbares Juwel am Busen der Erde.

Und Almustafa rief in der Einsamkeit seines Geistes:

Meine Seele trägt schwer an ihren reifen Früchten. Wer kommt, um sie zu pflücken und sich daran zu erfreuen? Gibt es nicht einen, der gefastet hat und dessen Herz so freundlich ist, sein Fasten zu brechen beim Anblick meiner Erstlingsfrüchte, und der mich befreit von meiner Überfülle?

Meine Seele fließt über vom Wein der Jahre. Gibt es keinen Durstigen, der zu mir kommt und trinkt?

Siehe, ein Mann stand an einer Kreuzung und streckte seine Hände den Vorübergehenden entgegen, und sie waren voller funkelnder Juwelen. Er rief: Habt Erbarmen mit mir und nehmt, was ich euch anbiete! In Gottes Namen, nehmt es an und tröstet mich!

Doch die Vorübergehenden begnügten sich damit, ihn anzusehen, und niemand nahm etwas von ihm an.

Es wäre besser für ihn gewesen, ein Bettler zu sein, der seine Hände ausstreckt, um etwas zu erhalten – eine zitternde Hand, die er leer zurückzieht –, als Hände voll reicher Gaben auszustrecken, ohne jemanden zu finden, der sie annähme und sich daran erfreute.

Und siehe, ein Prinz schlug sein seidenes Zelt zwischen Gebirge und Wüste auf und forderte seine Diener auf, ein Feuer zu machen – Fremden und Wanderern zum Zeichen; und er sandte seine Sklaven aus in die Straße, dass sie einen Gast herbeibringen möchten. Doch die Wege der Wüste waren ohne Erbarmen, und sie fanden niemanden, den sie hätten bewirten können.

Es wäre besser für den Prinzen gewesen, ein Bedürftiger zu sein, der Nahrung und Unterkunft sucht, oder ein Wanderer, der nichts anderes besitzt als einen Stab und ein irdenes Gefäß. So hätte er bei Anbruch der Nacht Menschen seinesgleichen treffen können, vielleicht sogar einen Dichter; mit ihnen hätte er ihre Armut ebenso geteilt wie ihre Erinnerungen und ihre Träume.

Und siehe, die Tochter des großen Königs erwachte vom Schlaf, legte ihr seidenes Kleid an und schmückte sich mit Perlen und Rubinen. Sie streute Moschus auf ihre Haare und tauchte ihre Finger in Bernstein. Dann stieg sie von ihrem Turmzimmer in den Garten hinab, wo der Tau der Nacht ihre goldenen Sandalen befeuchtete.

In der Stille der Nacht suchte die Tochter des großen Königs im Garten nach einem Geliebten, doch im weiten Königreich ihres Vaters gab es keinen Liebhaber für sie.

Es wäre besser für sie gewesen, die Tochter eines Bauern oder eines Schäfers zu sein! Sie würde die Schafe weiden, und am Abend kehrte sie ins Haus ihres Vaters zurück, die Füße vom Staub der kurvenreichen Wege bedeckt und mit dem Duft der Weingärten in den Falten ihres Kleides. Und wenn die Nacht käme und der Engel der Nacht über der Erde schwebte, würde sie sich davonschleichen zum Fluss des Tales, wo ihr Liebster sie erwartete.

Auch wäre es besser für sie, eine Nonne zu sein, deren Herz wie Weihrauch brennt, den der Wind emporträgt. Ihr Geist würde sich wie eine Kerze verzehren, deren Licht zu einem größeren Licht aufsteigt, zusammen mit all denen, die anbeten, und mit jenen, die lieben und geliebt werden.

Ja, wäre sie doch eine alte Frau, die in der Sonne sitzt und sich an den erinnert, der ihre Jugend geteilt hat.

Die Nacht wurde immer dunkler, und Almustafas Stimmung war düster wie diese Nacht. Sein Geist glich einer dichten Wolke, und er rief erneut:

Meine Seele trägt schwer an ihren reifen Früchten;
ja, schwer trägt sie an ihren Früchten.
Wer wird kommen und sich daran sättigen?
Meine Seele fließt über von ihrem Wein.
Wer wird kommen und davon trinken,
um sich in der Wüstenhitze zu erfrischen?

Ein Sufi-Scheich grüßt einen Prinzen, der seines Weges zieht.
Szene aus: Majalis al-Ushshaq (Die Zusammenkünfte der Liebenden),
Schiraz, 1550er Jahre.

Wäre ich doch ein Baum ohne Blüten und Frucht,
denn der Kummer ungenutzter Fülle ist bitterer
als der Schmerz der Unfruchtbarkeit.
Und die Qual des Reichen,
von dem niemand etwas annehmen will,
ist größer als die des Bettlers,
dem niemand etwas gibt.

Wäre ich doch eine versiegte Quelle,
in welche die Menschen Steine werfen;
es wäre leichter zu ertragen,
als ein Quell lebendigen Wassers zu sein,
an der niemand der Vorübergehenden
seinen Durst stillt.

Wäre ich doch ein zertretenes Schilfrohr!
Es wäre besser, als eine Lyra zu sein
mit silbernen Saiten
in einem Haus,
dessen Besitzer keine Finger hat
und dessen Kinder taub sind.

Sieben Tage und sieben Nächte lang kam niemand zum Garten, und Almustafa blieb mit seinem Kummer allein. Selbst jene, die seinen Worten mit Liebe und Geduld gelauscht hatten, hatten sich abgewandt zu den Wünschen anderer Tage.

Nur Karima kam; Schweigen verhüllte ihr Gesicht wie ein Schleier, und in ihren Händen hielt sie einen Becher und eine Schüssel, Trunk und Nahrung für sein Alleinsein und seinen Hunger. Und als sie beides vor ihn hingestellt hatte, zog sie sich schweigend zurück.

Almustafa setzte sich bei den weißen Pappeln am Eingang des Gartens nieder und schaute auf die Straße. Bald darauf erblickte er dort eine Staubwolke, die näher kam. Und aus der Staubwolke traten die neun Schüler hervor und Karima, die sie führte.

Almustafa ging ihnen entgegen; gemeinsam betraten sie den Garten; und alles war wieder gut, als hätten sie ihn erst vor einer Stunde verlassen. Sie gingen ins Haus und aßen mit ihm zu Abend – ein einfaches Mahl aus Brot, Fisch und Wein, das Karima besorgt hatte. Als sie den letzten Wein in die Becher gefüllt hatte, bat sie den Meister: Lass mich in die Stadt gehen und neuen Wein holen, denn es ist nichts mehr übrig.

Er sah sie an mit Blicken, die in fernen Ländern zu weilen schienen, und sagte: Nein, es genügt für den Augenblick. Sie aßen und tranken und waren satt. Nach dem Mahl sprach Almustafa zu ihnen mit getragener Stimme, die so tief war wie das Meer und so mächtig wie eine gewaltige Flut unter dem Mond: Meine Freunde und meine Weggefährten, wir müssen uns heute trennen! Eine lange Strecke haben wir auf der gefahrvollen See gemeinsam zurückgelegt; wir haben die höchsten Gipfel errungen und mit heftigen Stürmen gekämpft. Bald hungerten wir, bald saßen wir an Hochzeitstafeln; manchmal waren wir nackt, manchmal trugen wir königliche Gewänder. Wir sind wirklich weit gereist; doch nun schlägt die Stunde der Trennung. Ihr werdet euren Weg gemeinsam gehen, ich aber muss meinen Weg alleine beschreiten.

Und wenn uns auch weite Meere und Länder trennen werden, so bleiben wir dennoch Weggefährten auf unserer Pilgerreise zum Heiligen Berg.

Doch bevor wir den mühsamen Weg beschreiten, möchte ich die Ährenlese und Ernte meiner Seele mit euch teilen:

Geht eure Wege singend! Und mögen eure Lieder kurz sein, denn nur die Lieder, die jung auf euren Lippen sterben, leben ewig weiter in den Herzen der Menschen.

Sagt aufbauende Wahrheiten mit wenigen Worten, aber für hässliche Wahrheiten gebraucht gar keine Worte! Dem jungen Mädchen, dessen Haare in der Sonne glänzen, sagt, sie sei die Tochter des Morgens! Doch wenn ihr auf eurem Weg einem Blinden begegnet, sagt nicht, dass er der Sohn der Nacht sei!

Lauscht dem Flötenspieler, wie ihr dem Lied des Aprils lauscht! Doch hört ihr den Nörgler und Lästerer reden, bleibt taub wie eure Knochen und fern wie eure Wunschträume!

Meine Freunde und Weggefährten, auf eurer Reise werdet ihr Menschen mit Hufen treffen; gebt ihnen eure Flügel! Und ihr werdet Menschen mit Hörnern treffen; setzt ihnen einen Lorbeerkranz auf! Und begegnet ihr Menschen mit Klauen, so schmückt ihre Finger mit Blütenblättern! Den Menschen mit gespaltener Zunge gebt Honig für ihre Reden.

All diesen Menschen werdet ihr auf eurem Weg begegnen. Mehr noch: Ihr werdet Lahme treffen, die Krücken verkaufen; Blinde, die Spiegel feilbieten; und Reiche werdet ihr am Tempel betteln sehen.

Gebt dem Lahmen von eurer Beweglichkeit, dem Blinden von

eurer Sehkraft und dem reichen Bettler von euch selbst! Sie sind die Bedürftigsten von allen, denn gewiss würde niemand seine Hand für ein Almosen ausstrecken, wenn er nicht wirklich arm wäre, selbst wenn er große Güter besitzt.

Meine Begleiter und Freunde, im Namen unserer Liebe ersuche ich euch: Seid zahllose Pfade, die sich in der Wüste kreuzen und auf denen Löwen und Hasen, Füchse und Schafe gehen.

Und erinnert euch: Ich lehre euch nicht zu geben, sondern zu empfangen, nicht Verzicht, sondern Erfüllung, nicht Nachgeben, sondern Verstehen, mit einem Lächeln auf den Lippen.

Ich lehre euch nicht das Schweigen, sondern ein verhaltenes Lied.

Ich lehre euch euer größeres Selbst, das alle Menschen einschließt.

Dann erhob er sich vom Tisch und ging in den Garten, wo er im Schatten der Zypressen wandelte, während der Tag sich neigte. Die neun folgten ihm mit einigem Abstand, denn ihr Herz war schwer, und ihre Zunge klebte ihnen am Gaumen.

Paradiesische Szene aus Tausendundeine Nacht, *zeitgenössisch,*
Öl auf Leinwand, von Suad Al-Attar.

Nur Karima näherte sich ihm, nachdem sie die Reste des Mahles fortgeräumt hatte, und sie sagte: Meister, erlaube mir, dir für deine Reise morgen eine Wegzehrung zu bereiten.

Er sah sie an mit Augen, die eine andere Welt sahen als diese, und er erwiderte: Meine Schwester und meine Geliebte, von Beginn der Zeit an ist alles bereitet; Nahrung und Getränke sind bereit für morgen – so wie sie es für gestern und heute waren.

Ich gehe jetzt. Doch wenn ich im Besitz einer Wahrheit bin, die noch nicht ausgesprochen wurde, so wird diese Wahrheit mich suchen und mich ergreifen, auch dann noch, wenn die Teile meines Seins bereits im Schweigen der Ewigkeit verstreut sind; und ich werde zu euch zurückkehren, um mit einer Stimme zu euch zu sprechen, die mitten aus diesem unendlichen Schweigen neu geboren wird.

Und wenn es etwas über Schönheit zu sagen gibt, von dem ich nicht zu euch gesprochen habe, so werde ich nochmals gerufen werden, ja, bei meinem Namen Almustafa; und ich werde euch ein Zeichen geben, damit ihr wisst, dass ich zurückgekommen bin, um von allem zu sprechen, was ich euch zu sagen versäumte; denn Gott wird weder dulden, dass er einem einzigen Menschen verborgen bleibt, noch, dass sein Wort im Abgrund eines menschlichen Herzens begraben ist.

Jenseits des Todes werde ich weiterleben und euren Ohren singen,
auch nachdem mich die Wellen in die Tiefen des Meeres zurückgetragen haben.
Körperlos werde ich an eurem Tisch sitzen
und euch als unsichtbarer Geist auf die Felder begleiten.

Ich werde mit euch am Feuer sitzen als unbemerkter Gast.
Der Tod ändert nichts außer den Masken, die unsere Gesichter verhüllen.
Der Förster bleibt ein Förster, der Bauer ein Bauer.
Und wer sein Lied dem Wind sang,
wird es auch den Sphären singen.

Die Schüler verharrten regungslos wie Steine, und ihre Herzen waren schwermütig, weil er gesagt hatte: Ich gehe. Doch keiner von ihnen streckte seine Hand aus, um ihn zurückzuhalten, und niemand wollte ihm folgen.

Almustafa verließ den Garten seiner Mutter mit schnellen und lautlosen Schritten; und im nächsten Augenblick hatte er sich schon weit entfernt von ihnen wie ein Blatt, das ein heftiger Wind abgelöst hat, und sie sahen nur noch ein schwaches Licht, das in die Höhe stieg. Die neun Schüler machten sich auf den Weg; nur Karima stand in der anbrechenden Nacht und blickte dem Licht nach, bis die Dämmerung es aufgenommen hatte. Und in ihrer Einsamkeit tröstete sie sich mit seinen Worten: Ich gehe jetzt. Doch wenn ich im Besitz einer Wahrheit bin, die noch nicht ausgesprochen wurde, so wird diese Wahrheit mich suchen und mich ergreifen, und ich werde zu euch zurückkehren.

Nun war es Abend geworden. Almustafa hatte die Hügel erreicht. Seine Schritte hatten ihn in den Nebel geführt, und er stand zwischen den Felsen und den weißen Zypressen, weit entrückt von allen Dingen, und er sprach:

Nebel, meine Schwester, weißer Atem, der noch keine Form annahm,

ich kehre zu dir zurück als weißer, lautloser Atem,
als unausgesprochenes Wort.

Nebel, meine beflügelte Schwester Nebel, wir sind nun vereint,
und wir werden vereint bleiben bis zum zweiten Tag des Lebens;
seine Morgendämmerung wird dich als Tautropfen in einen Garten legen
und mich als Säugling an die Brust einer Frau,
und wir werden uns erinnern.

Nebel, meine Schwester, ich kehre zurück,
ein Herz, das seinen Tiefen lauscht, ebenso wie dein Herz,
ein Wunsch, der pochend und ziellos ist wie der deine,
ein Gedanke ohne Kontur und Form wie der deine.

Nebel, meine Schwester, Erstgeborene meiner Mutter,
meine Hände halten noch die grünen Samen,
die du mich ausstreuen hießest,
und meine Lippen sind noch versiegelt von dem Lied,
das du mich batest zu singen.
Ich bringe dir weder Frucht noch Echo mit,
denn meine Hände waren blind
und meine Lippen unnachgiebig.

Nebel, meine Schwester, wie sehr liebte ich die Welt,
und die Welt liebte mich.
All mein Lächeln schmückte ihre Lippen,
und all ihre Tränen füllten meine Augen.
Doch ein Abgrund des Schweigens lag zwischen uns,

den sie nicht verringern wollte
und den ich nicht überwinden konnte.

Nebel, meine Schwester, meine unsterbliche Schwester,
ich sang die alten Lieder meinen kleinen Kindern vor;
sie lauschten, und Staunen war in ihren Gesichtern;
doch morgen werden sie das Lied vielleicht vergessen.
Ich weiß nicht, wem der Wind es zutragen wird.
Und war es auch nicht mein eigenes Lied,
es fand den Weg in mein Herz
und wohnte eine Weile auf meinen Lippen.

Nebel, meine Schwester, wenn auch all dies geschehen ist,
so habe ich doch Frieden geschlossen.
Es genügte mir, für die zu singen,
die schon geboren waren.
Und wenn der Gesang auch nicht der meine ist,
so spricht er doch von meinem sehnlichsten Verlangen.

Nebel, meine Schwester! Meine Schwester Nebel,
ich bin nun eins mit dir.
Nicht länger bin ich mein eigenes Ich.
Die Mauern sind gefallen,
und die Ketten sind zerbrochen;
ich steige zu dir auf als Nebel,
und zusammen werden wir über dem Meer schweben
bis zum zweiten Tag des Lebens,
wenn die Morgendämmerung dich als Tautropfen
in einen Garten legt
und mich als Säugling an die Brust einer Frau.

TEIL DREI

Ausgewählte Werke

Inhalt

Der Narr

Gott 192

Die sieben Ich 196

Die drei Ameisen 200

Die Nacht und der Narr 202

Die größere See 206

Der Astronom 210

Ein Grashalm sagte 212

Und als meine Freude zur Welt kam 214

Die vollkommene Welt 216

Der Vorbote

Der Vorbote 220

Liebe 224

Der königliche Einsiedler 226

Aus der Tiefe meines Herzens 230

Jenseits meiner Einsamkeit 232

Die letzte Wache 234

Sand und Schaum

Siebenmal habe ich meine Seele verachtet 240

Liebe und Freundschaft 246

Geheimnisse des Lebens 252

Der Wanderer

Alter Wein 258

Die taube Frau 260

Der Fluss 264

Gott

Als vor Zeiten der erste bebende Laut über meine Lippen drang, erklomm ich den heiligen Berg und sprach zu Gott. Und ich sagte: „Herr, ich bin dein Diener. Dein geheimer Wille ist mein Gesetz, und ich folge dir immerdar."

Aber Gott antwortete nicht. Er entschwand einem mächtigen Sturme gleich.

Und nach tausend Jahren erklomm ich den heiligen Berg, und wieder sprach ich zu Gott. Und ich sagte: „Schöpfer, ich bin dein Geschöpf. Aus Ton hast du mich geformt, und was ich bin und habe, schulde ich dir."

Aber Gott antwortete nicht. Er entschwand tausend eiligen Flügeln gleich.

Und nach tausend Jahren erklomm ich den heiligen Berg, und wieder sprach ich zu Gott. Und ich sagte: „Vater, ich bin dein Sohn. Aus Liebe und Erbarmen hast du mich gezeugt, und in Liebe und Ehrerbietung will ich dein Königreich erben."

Aber Gott antwortete nicht. Er verschwand wie Dunst in der Ferne.

Und nach tausend Jahren erklomm ich den heiligen Berg, und wieder sprach ich zu Gott. Und ich sagte: „Mein Gott, mein Ziel und meine Erfüllung. Ich bin dein Gestern, und du bist mein Morgen. Ich bin deine Wurzel in der Erde, du bist meine Blüte am Firmament, und gemeinsam wachsen wir vor dem Antlitz der Sonne."

Da neigte sich Gott hernieder und flüsterte süße Worte in mein Ohr. Und wie der See das Bächlein umfängt, das in ihn mündet, so umfing er mich. Und als ich in die Weiten und Täler hinabstieg, war Gott auch dort.

Darstellung des Paradieses. Detail eines Mogul-Teppichs aus Seide mit eingewobenen Silberfäden, 17. Jahrhundert.

Die sieben Ich

In der stillsten Stunde der Nacht – ich war halb eingeschlafen – kamen meine sieben Ich zusammen und flüsterten miteinander:

Erstes Ich: „Ich hauste all die Jahre hier in diesem Narren und hatte nichts zu tun, als bei Tag seinen Schmerz zu schüren und ihm bei Nacht neue Sorgen zu bereiten. Ich kann mein Los nicht länger ertragen, und jetzt lehne ich mich dagegen auf!"

Zweites Ich: „Dein Los ist besser als meines, Bruder, denn meine Aufgabe ist's, das fröhliche Ich dieses Narren zu sein. Ich lache sein Lachen, ich singe seine glücklichen Stunden, und mit dreimal beflügelten Schuhen tanze ich seine Heiterkeit. Ich bin's, der sich gegen dieses beschwerliche Los auflehnt!"

Drittes Ich: „Und was ist mit mir, dem von Liebe tollen Ich, der Flamme wilder Leidenschaft und phantastischer Begier? Ich liebeskrankes Ich lehne mich gegen diesen Narren auf!"

Viertes Ich: „Ich bin unter euch allen das elendste, denn ich kann nur mit stetem Hass alles zerstören. Ich bin der Höllensturm aus schwarzer Finsternis und ich will diesem Narren nicht länger dienen!"

Fünftes Ich: „Nein, ich bin es, das denkende, das phantasievolle Ich, von Hunger und Durst dazu verdammt, rastlos

Ein osmanischer Behang aus Leinen mit feiner Seidenstickerei, 17. Jahrhundert.

Unbekanntes und noch nicht Geschaffenes zu suchen. Ich habe mich zu beklagen, nicht ihr!“

Sechstes Ich: „Ich bin der elende Arbeiter, der mit geduldigen Händen und mit sehnsüchtigem Blick die Tage erst zu Bildern formt und den Stoffen neue und ewige Gestalt verleiht. In meiner Einsamkeit lehne ich mich gegen diesen ruhelosen Narren auf!“

Siebentes Ich: „Wie seltsam, dass ihr euch gegen diesen Mann auflehnt, hat doch jedes von euch eine bestimmte Aufgabe. Ach hätte ich doch, wie ihr, auch eine Bestimmung!

Aber ich habe keine. Ich kauere im Dunkel, ohne Raum und Zeit, und tue nichts, während ihr eifrig neues Leben erschafft. Bin ich es, der sich zu beklagen hat, oder seid ihr es, Nachbarn?"

Nachdem das siebente Ich so gesprochen hatte, sahen die anderen sechs es mitleidig an und schwiegen – und als die Nacht fortschritt, schliefen sie eines nach dem anderen ein, froh, eine neue Aufgabe zu haben.

Das siebente Ich aber blieb wach und blickte weiter in das Nichts, das hinter allen Dingen ist.

Die drei Ameisen

Drei Ameisen trafen sich auf der Nase eines Menschen, der in der Sonne lag und schlief. Sie begrüßten einander – jede nach ihres Stammes Sitte –, standen da und redeten miteinander.

Die erste Ameise sagte: „Diese Hügel und Ebenen sind doch die kahlsten, die ich je gesehen habe. Den ganzen Tag suchte ich nach irgendeiner Krume, konnte aber nichts finden."

Die zweite Ameise sagte: „Ich habe auch nichts gefunden, obwohl ich alle Lichtungen und schattigen Winkel absuchte. Dies ist, glaube ich, was meine Leute ‚das weiche, bewegte Land' nennen, wo nichts wächst."

Da erhob die dritte Ameise ihren Kopf und sagte: „Meine Freunde, wir stehen hier auf der Nase der Über-Ameise. Sie ist die mächtige und unendliche Ameise, deren Leib so groß ist, dass wir sie nicht sehen können. Ihr Schatten ist so ungeheuer, dass wir ihn nicht ermessen können, und ihre Stimme so laut, dass wir sie nicht hören können. Sie ist allgegenwärtig."

Als die dritte Ameise gesprochen hatte, sahen sich die beiden anderen an und lachten.

In diesem Augenblick bewegte sich der Mensch im Schlaf, hob seinen Arm, kratzte sich an der Nase und zerdrückte die drei Ameisen.

Das Muster des Mauerwerks im Deckengewölbe eines Gebäudes in Schiraz, Iran, breitet sich wie Spuren von Insekten von der Mitte her aus.

Die Nacht und der Narr

Ich bin wie du, o Nacht, dunkel und nackt; ich begehe den flammenden Pfad hoch über den Träumen meiner Tage, und wo mein Fuß die Erde berührt, entspringt eine riesige Eiche."

„Nein, o Narr, du bist nicht wie ich. Immer noch blickst du dich um nach der Fußspur, die du im Sand hinterlässt."

„Ich bin wie du, o Nacht, verschwiegen und tief. Im Herzen meiner Einsamkeit liegt eine Göttin in Wehen, und in dem, der aus ihr geboren wird, berühren sich Himmel und Erde."

„Nein, o Narr, du bist nicht wie ich. Noch schauderst du vor Schmerz und schreckst vor dem Lied des Abgrunds zurück."

„Ich bin wie du, o Nacht, wild und schrecklich. In meinen Ohren dröhnen das Geschrei besiegter Völker und das Wehklagen längst vergessner Kontinente."

„Nein, o Narr, du bist nicht wie ich. Immer noch hast du deine kleinliche Seele zum Gefährten und kannst mit deiner größeren Seele nicht Freund sein."

„Ich bin wie du, o Nacht, abscheulich und grausam. Meine Brust leuchtet im Schein brennender Schiffe, und meine Lippen triefen vom Blut erschlagener Krieger."

„Nein, o Narr, du bist nicht wie ich. Immer noch verlangst du nach einer Schwesterseele und hast dein eigenes Gesetz nicht gefunden."

„Ich bin wie du, o Nacht, glücklich und froh. Wer in meinem

Schatten lebt, ist trunken von jungem Wein, und wer mir folgt, sündigt frohgemut."

„Nein, o Narr, du bist nicht wie ich. Deine Seele ist hinter sieben Schleiern verborgen, und du hast dein Herz nicht in der Hand."

„Ich bin wie du, o Nacht, leidenschaftlich und geduldig. In meiner Brust liegen tausend tote Liebende in den Wanten verwester Küsse begraben."

„Ja, Narr, bist du wie ich? Bist du wie ich? Kannst du den Sturm als Schlachtross reiten und den Blitz als Schwert führen?"

„Wie du, o Nacht, wie du, groß und mächtig. Mein Thron steht auf Bergen gefallener Götter. Die Tage ziehn an mir vorüber, sie küssen den Saum meines Gewandes und erblicken doch nie mein Gesicht."

„Bist du wie ich, Kind meines dunkelsten Herzens? Denkst du meine wilden Gedanken, sprichst du meine verheerende Sprache?"

„Ja, o Nacht, Zwillingsbrüder sind wir. Du offenbarst das All, und ich offenbare meine Seele."

Die größere See

Meine Seele und ich gingen an die große See, um zu baden. Als wir an die Küste kamen, hielten wir Ausschau nach einem stillen und heimlichen Platz. Dabei stießen wir auf einen Mann, der auf einem grauen Felsen saß, Salz aus einem Sack nahm und es ins Meer warf.

„Das ist der Pessimist", sagte meine Seele, „lass uns den Ort verlassen. Hier können wir nicht baden."

Wir wanderten weiter und kamen an eine Bucht, wo wir einen Mann sahen, der auf einem weißen Felsen stand und aus einer juwelenbesetzten Schatulle Zucker in die See warf.

„Das ist der Optimist", sagte meine Seele, „er soll unsere nackten Körper auch nicht sehen."

Wir wanderten weiter und sahen einen Mann, der am Strand tote Fische auflas und sie behutsam wieder in das Wasser tat.

„Vor diesem können wir auch nicht baden", sagte meine Seele, „das ist der humane Philanthrop."

Wir gingen weiter.

Dann sahen wir einen Mann, der seinem Schatten im Sand folgte. Große Wellen kamen und löschten den Schatten aus, aber der Mann folgte ihm weiter immerzu.

„Das ist der Mystiker", sagte meine Seele, „gehen wir weiter."

Wir gingen weiter, bis wir in einer stillen Bucht einen Menschen sahen, der den Schaum vom Wasser abschöpfte und in eine Alabasterschale tat.

„Das ist der Idealist", sagte meine Seele, „der darf unsere Nacktheit gewiss nicht sehen."

Wir gingen weiter. Plötzlich hörten wir eine Stimme: „Die See! Die unendlich gewaltige See!" – Als wir näher kamen, sahen wir einen Mann, der mit dem Rücken zur See dem Rauschen einer Muschel lauschte.

Meine Seele sagte: „Gehen wir weiter. Das ist der Realist, der dem Ganzen, das er nicht fassen kann, den Rücken kehrt und sich mit Stückwerk aufhält."

So gingen wir weiter. In einer felsigen Wildnis sahen wir einen Mann, der seinen Kopf in den Sand eingegraben hatte. Da sagte ich zu meiner Seele: „Hier können wir baden, der kann uns nicht sehen."

„Nein", sagte meine Seele, „das ist der übelste von allen, der Puritaner."

Da wurde meine Seele sehr traurig und sagte:

„Gehn wir fort von hier. Hier gibt es keinen stillen und heimlichen Platz, wo wir baden könnten. Dieser Wind soll nicht durch mein goldenes Haar und über meinen weißen Busen streichen, dies Licht soll nicht meine heilige Nacktheit entblößen."

So verließen wir die See, um nach der größeren See zu suchen.

Der Astronom

Im Schatten des Tempels sahen mein Freund und ich einen einsamen Blinden sitzen.

„Sieh", sagte mein Freund, „der weiseste Mann unseres Landes."

Ich verließ meinen Freund, näherte mich dem Blinden, begrüßte ihn, und wir kamen in ein Gespräch.

Nach einer Weile sagte ich: „Vergib meine Frage, aber seit wann bist du blind?"

„Seit meiner Geburt", antwortete er.

Ich fragte: „Welchem Pfad der Weisheit folgst du?"

Er sagte: „Ich bin Astronom."

Dann wies er mit der Hand auf seine Brust und sagte: „Ich beobachte all diese Sonnen, Monde und Sterne."

Ein Grashalm sagte

Ein Grashalm sagte zu einem Blatt im Herbst: „Du machst solchen Lärm, wenn du fällst! Du störst meine Winterträume."

Das Blatt antwortete ungehalten: „Du bist von niedriger Herkunft und hast dich nie über deine Niedrigkeit erhoben, griesgrämiges, stummes Ding. Du lebst nicht in den höheren Sphären und hast von Musik keine Ahnung."

Dann legte sich das Blatt auf die Erde und schlief ein. Als der Frühling kam, erwachte es wieder – und war ein Grashalm.

Als es Herbst wurde, die Zeit für den Winterschlaf nahte und in den Lüften die Blätter fielen, murmelte es: „O diese Blätter im Herbst! Sie machen so einen Lärm! Sie stören meine Winterträume."

Seiden- und Metallfadenstickerei auf dem Bezug eines Seidenkissens, dessen Gestaltung an herabfallendes Laub erinnert. Osmanisch, 16.–17. Jahrhundert.

Und als meine Freude zur Welt kam

Und als meine Freude zur Welt kam, hielt ich sie in meinen Armen, stieg auf das Hausdach und rief:

„Kommt, Nachbarn, kommt und seht, die Freude wurde mir heute geboren. Kommt und seht das frohe Ding, wie es in der Sonne lacht!"

Aber keiner der Nachbarn kam, um meine Freude anzusehen. Das überraschte mich sehr.

Sieben Monate lang rief ich jeden Tag meine Freude auf dem Hausdach aus – aber niemand beachtete mich. So blieben meine Freude und ich allein, ungesucht und unbesucht.

Weil sie kein anderes Herz entflammen konnte, und weil nur meine Lippen die ihren küssten, wurde meine Freude blass und krank.

Und dann starb meine Freude an der Einsamkeit. Jetzt erinnere ich mich meiner toten Freude nur, wenn ich mich meiner toten Sorge erinnere. Aber Erinnerung ist wie ein Blatt im Herbst, das eine Weile im Wind raschelt und dann nicht mehr zu hören ist.

Ein Baumwollspinner aus Miftah al-Fuzala, *ein Glossar aus dem 15. Jahrhundert, mit seltenen Wörtern des persischen Dichters Shadiabadi (der Name bedeutet „aus der Stadt der Freude").*

Die vollkommene Welt

Gott der verlorenen Seelen, der du verloren bist unter allen Göttern, höre mich!

Gnädiges Schicksal, das über uns irren, wandernden Seelen wacht, höre mich!

Ich lebe inmitten einer vollkommenen Welt, ich, der Allerunvollkommenste.

Ich, ein menschliches Chaos, ein Nebel aus vertauschten Elementen, bewege mich zwischen vollendeten Welten – Menschen mit Recht und Ordnung, mit rechten Gedanken, mit geordneten Träumen, Wunschbildern, die allseits bekannt und aufgezeichnet sind.

Ihre Tugenden, o Gott, sind abgemessen, ihre Sünden abgewogen, und sogar jene zahllosen Dinge im Zwielicht zwischen Tugend und Sünde haben Rang und Ordnung.

Untadelige Gesetze schreiben vor, was bei Tag und Nacht zu tun ist:

Essen, trinken, schlafen, seine Blößen bedecken und zur rechten Zeit müde sein.

Arbeiten, spielen, singen, tanzen und still daliegen, wenn die Stunde schlägt.

Dieses denken, jenes fühlen und mit Denken und Fühlen aufhören, wenn ein bestimmter Stern am Horizont erscheint.

Lächelnd einen Nachbarn auszurauben, huldvoll zu verschenken, von oben herab zu loben, vorsichtig zu tadeln, mit einem einzigen Wort eine Seele zu vernichten, mit einem

Atemstoß einen Körper zu verbrennen und nach des Tages Arbeit die Hände zu waschen.

Zu lieben, wie sich's gehört, auf vorgeschriebene Art Kurzweil zu treiben, die Götter gebührend zu verehren, die Teufel kunstvoll an der Nase zu führen – und wenn es sein muss, alles zu vergessen, wie wenn die Erinnerung gestorben wäre.

An einer Idee Gefallen zu finden, mit Bedacht zu meditieren, inniglich das Glück zu genießen, vornehm zu leiden – und dann den Becher zu leeren, auf dass der morgige Tag ihn wieder fülle.

All diese Dinge, o Gott, werden mit Voraussicht geplant, zu ihrer Bestimmung in die Welt gesetzt, sorgsam gehegt, nach Regeln regiert, vom Verstand geführt und schließlich, wie es vorgeschrieben ist, geschlachtet und begraben. Und sogar die stillen Gräber in der menschlichen Seele sind gekennzeichnet und gezählt.

Eine vollkommene Welt ist es, eine Welt vollendeter Vortrefflichkeit, eine Welt grenzenloser Wunder, die reifste Frucht in Gottes Garten, der Meister-Gedanke des Universums.

Aber warum, o Gott, muss ich darin leben, ich, ein Samenkorn unausgereifter Leidenschaft, ein irrer Sturm, der nicht nach Ost und nicht nach Westen bläst, ein verhehrter Überrest eines längst verbrannten Planeten?

O Gott der verlorenen Seelen, der du verloren bist unter allen Göttern, warum muss ich hier leben?

Der Vorbote

Du bist dein eigener Vorbote, und die Festen, die du errichtest hast, sind nur das Fundament für dein größeres Ich. Dieses größere Ich ist wiederum nur ein Fundament.

Auch ich bin mein eigener Vorbote, und der lange Schatten, den die Sonne bei ihrem Aufgang vor mir ausbreitet, zieht sich nach Mittag allmählich unter meinen Füßen zusammen. Doch ein neuer Sonnenaufgang wird neuen Schatten vor mir ausbreiten, und auch der wird zusammenschrumpfen nach einem neuen Mittag.

Schon immer waren wir unsere eigenen Vorboten, und wir werden es immer sein. Alles, was wir gesammelt haben, und alles, was wir noch sammeln werden, sind nur Samen für Felder, die noch brach liegen. Wir sind die Felder und auch der Sämann, wir sind die Erntenden und die Ernte zugleich.

Als du noch ein unbestimmtes Verlangen im Nebel warst, befand auch ich mich dort als ein ungewisser Wunsch. Wir suchten einander, und aus unserer Sehnsucht entstanden unsere Träume. Und Träume sind unbegrenzte Zeit und grenzenloser Raum.

Als du noch ein unausgesprochenes Wort auf den Lippen des Lebens warst, war auch ich dort ein anderes unartikuliertes Wort. Dann sprach uns das Leben aus, und wir durchwanderten die Jahre. In uns lebte die Erinnerung an das Gestern und die Sehnsucht nach dem Morgen; das Gestern ist der besiegte Tod, und das Morgen ist die erwartete Wiedergeburt.

Eine grün glasierte Flasche, verziert mit einer Gartenszene, in der ein Mann eine Tänzerin betrachtet. Iran, 17. Jahrhundert.

Nun sind wir in Gottes Händen. Du bist eine Sonne in seiner rechten Hand, und ich bin eine Erde in seiner Linken, dein Glanz ist nicht heller als der meine.

Wir, die Sonne und die Erde, sind nur der Anfang einer größeren Sonne und einer größeren Erde. Immer werden wir Anfang sein.

Du bist dein eigener Vorbote, du der Fremde, der an meinem Gartentor vorübergeht.

Und ich bin mein eigener Vorbote, wenn ich auch im Schatten meiner Bäume sitze und es den Anschein hat, als ob ich ohne Bewegung wäre.

Liebe

Schakal und Maulwurf – so sagt man –
trinken vom gleichen Strom,
an dem auch der Löwe seinen Durst stillt.

Schakal und Geier – so sagt man –
bohren ihren Schnabel in den gleichen Kadaver,
und sie vertragen sich in der Gegenwart des Todes.

O Liebe, die mit gebieterischer Hand
mein Sehnen stets im Zaume hielt,
die meinen Hunger und meinen Durst
auf Tugend und Ehrgefühl richtete,
lass niemals zu,
dass das Starke und Beständige in mir
das Brot essen und den Wein trinken wird,
nach dem mein schwaches Ich verlangt!
Lass lieber mein Herz verschmachten,
lass mich lieber vor Hunger sterben,
bevor ich meine Hand ausstrecke
nach einem Glas,
das du nicht gefüllt hast,
und nach einer Schüssel,
die du nicht gesegnet hast.

Ein persischer Prinz plaudert mit einer weiblichen Begleiterin in einem Park. Fresko aus dem 17. Jahrhundert in Isfahan, Iran.

Der königliche Einsiedler

Man erzählte mir, dass inmitten eines von Bergen umgebenen Waldes ein junger Mann allein und zurückgezogen lebte, der einst der Herrscher eines großen Landes hinter den beiden Flüssen war. Ich erfuhr auch, dass er seinen Thron und sein Land aus eigenem Entschluss verlassen hatte und dass er an diesen Ort gekommen war, um als Einsiedler in der Wildnis zu leben.

Da dachte ich mir: „Ich muss diesen Mann suchen, um sein Geheimnis zu erfahren, denn wer auf ein Königreich verzichtet, tut es gewiss für etwas, das in seinen Augen noch größeren Wert hat."

Noch am gleichen Tag brach ich auf in den Wald, wo der ehemalige König lebte. Ich sah ihn unter einer weißen Zypresse sitzen; in seiner Hand hatte er ein Rohr, und es sah aus, als ob er ein Zepter hielte. Ich grüßte ihn, wie man einen König grüßt. Er wandte sich mir zu und sagte freundlich: „Was führt dich in diesen entlegenen Wald der heiteren Ruhe? Suchst du in seinen grünen Schatten ein verlorenes Ich, oder kehrst du heim in seine Dämmerung?" „Das Ziel meines Suchens bist du", antwortete ich, „denn ich möchte gern wissen, was dich dazu bewogen hat, ein Königreich gegen diesen Wald einzutauschen."

Ein Reiter begegnet einem einsamen Badenden. Miniatur auf Pergament aus dem Epos Chamse *von Nezami. Iran, 16. Jahrhundert.*

„Meine Geschichte ist so kurz wie das Zerplatzen einer Seifenblase", sagte er. „Es geschah so: eines Tages, als ich an einem Fenster meines Palastes saß, spazierte mein Kämmerer mit dem Gesandten eines anderen Landes durch den Park. Als sie sich meinem Fenster näherten, sprach der Kämmerer gerade von sich selbst, und er sagte: ‚Ich bin wie der König, ich mag guten Wein und Glücksspiele! Und wie mein Herr, der König, habe ich ein stürmisches Temperament.' Darauf entfernten sich der Kämmerer und der Botschafter hinter den Bäumen. Nach einigen Minuten kamen sie wieder an meinem Fenster vorbei; dieses Mal war die Rede von mir, und ich hörte den Kämmerer sagen: ‚Mein Herr, der König, ist wie ich ein guter Meisterschütze und Musikliebhaber, und wie ich nimmt er drei Mal täglich ein Bad.'"

Nach einer kurzen Pause fuhr der König fort: „Noch am gleichen Abend verließ ich meinen Palast, ich nahm nichts mit außer meiner Kleidung, denn ich wollte nicht länger über Menschen herrschen, die meine Laster auf sich nehmen und mir ihre Tugenden zuschreiben."

„Das ist wirklich eine merkwürdige und wundersame Geschichte", sagte ich.

Er entgegnete: „Mein Freund, du hast an das Tor meines Schweigens geklopft, und bisher hast du nur einen Splitter von der Wahrheit erfahren. Wer wollte nicht ein Königreich eintauschen gegen einen Wald, in dem die Jahreszeiten unaufhörlich singen und tanzen? Viele gaben ihr Königreich her, und sie erhielten dafür viel weniger als Alleinsein und die köstliche Gesellschaft der Einsamkeit. Zahlreich sind die Adler, die aus hoher Luft hinabsteigen und mit den Maulwürfen leben, um die Geheimnisse der Erde zu erfahren. Und zahllos sind diejenigen, die auf das Königreich der Träume verzichten, um sich denjenigen anzugleichen, die ohne Träume sind. Und da sind diejenigen, die das Königreich der Nacktheit verlassen und ihre Seelen verhüllen, damit die anderen nicht beschämt werden, wenn sie die unverhüllte Wahrheit und die unverschleierte Schönheit vor Augen haben. Und größer als all jene ist derjenige, der das Königreich der Sorgen verlässt, um nicht stolz und anmaßend zu erscheinen." Dann erhob er sich, auf sein Rohr gestützt, und sagte: „Geh nun in die große Stadt zurück, setz dich an eines ihrer Tore, und beobachte alle diejenigen, die dort ein- und ausgehen! Versuche, darunter denjenigen zu finden, der ohne Königreich ist, obgleich er zum König geboren wurde, oder denjenigen, der im Geiste regiert, obwohl er im Fleisch regiert, selbst wenn sich weder er noch seine Untertanen dessen bewusst sind, und schließlich denjenigen, der zu herrschen glaubt, obwohl er in Wirklichkeit nur der Sklave seiner Sklaven ist."

Nachdem er dies gesagt hatte, lächelte er mich an, und tausend Morgenröten erschienen auf seinen Lippen. Dann drehte er sich um und entfernte sich ins Innere des Waldes. Ich kehrte in die Stadt zurück, und wie der König mir geraten hatte, setzte ich mich ans Tor, um die Vorübergehenden zu beobachten. Und von diesem Tag an bis heute sind die Könige zahlreich, deren Schatten an mir vorüber zog, aber gering ist die Zahl der Untertanen, an denen mein Schatten vorüber zog.

Aus der Tiefe meines Herzens

Aus der Tiefe meines Herzens erhob sich ein Vogel und flog himmelwärts.

Höher und höher schwang er sich empor und wurde dabei zusehends größer.

Zuerst war er so groß wie eine Schwalbe, dann wie eine Lerche, später hatte er die Größe eines Adlers, dann die einer Frühlingswolke, und schließlich füllte er den gesamten gestirnten Himmel.

Aus der Tiefe meines Herzens flog ein Vogel himmelwärts; je höher er flog, um so größer wurde er. Doch er verließ mein Herz nicht.

O mein Glaube, mein ungebändigtes Wissen, wie kann ich mich zu deinen Höhen emporschwingen und mit dir des Menschen größeres Ich entdecken, das in den Himmel geschrieben ist?

Wie kann ich das Meer in mir in Nebel verwandeln, um auf diese Weise mit dir aufzusteigen – in unbegrenzte Räume? Wie kann jemand, der im Tempel eingeschlossen ist, seine goldenen Türme und Kuppeln sehen?

Wie kann der Kern einer Frucht die ganze Frucht umschließen?

O mein Glaube, ich bin angekettet hinter diesen Stäben aus Silber und Ebenholz, und ich kann nicht mit dir fliegen.

Aber es ist mein Herz, aus dem du kommst und zum Himmel emporsteigst, es ist mein Herz, das dich hält. Und das soll mir genügen.

Jenseits meiner Einsamkeit

Jenseits meiner Einsamkeit liegt eine andere Einsamkeit, und wer sie bewohnt, dem erscheint meine Einsamkeit wie ein bevölkerter Marktplatz und mein Schweigen wie lautes Stimmengewirr.

Zu jung bin ich und zu ruhelos, um nach der Einsamkeit jenseits meiner Einsamkeit zu suchen. Die Stimmen des Tales drüben halten meine Ohren in Bann, und seine Schatten versperren meinen Weg dorthin.

Hinter diesen Hügeln liegt ein friedlicher Hain. Wer ihn bewohnt, dem erscheint mein Friede wie ein Wirbelwind und mein Glück wie eine Illusion. Zu jung bin ich und zu ausgelassen, um nach diesem friedlichen Hain zu streben. Der Geschmack von Blut haftet noch an meinen Lippen, Pfeil und Bogen meiner Väter sind noch in meinen Händen, und ich kann nicht dorthin aufbrechen.

Hinter diesem Ich, das von schweren Lasten niedergedrückt ist, liegt mein freieres Ich; ihm erscheinen meine Träume wie Kampfhandlungen, die in der Dämmerung ausgetragen werden, und meine Wünsche wie das Geklapper eines Skeletts. Zu jung bin ich und zu maßlos, um mein freieres Ich zu sein.

Und wie könnte ich auch mein freieres Ich werden, ohne mein beladenes Ich zu beseitigen und ohne dass alle Menschen befreit werden?

Wie sollen meine Blätter fliegen und mit dem Wind singen, ohne dass meine Wurzeln im Dunkel verdorren?

Und wie soll sich der Adler in mir zur Sonne erheben, solange meine Jungen nicht das Nest verlassen haben, das ich mit meinem Schnabel für sie baute?

Eine Vase aus Aleppo (Detail), 13. Jahrhundert, die einst Saladin gehörte, aufwendig verziert mit bogenbewehrten Jägern.

Die letzte Wache

Als die Nacht am weitesten fortgeschritten war und der erste Hauch der Morgendämmerung sich schon in den Wind mischte, verließ der Vorbote, der sich selbst als das Echo einer noch nicht vernommenen Stimme bezeichnet, seinen Schlafraum und stieg auf das flache Dach seines Hauses. Lange stand er dort und schaute auf die schlafende Stadt. Dann hob er seinen Kopf, und als hätten sich die schlaflosen Geister der schlummernden Bewohner um ihn versammelt, sprach er zu ihnen:

„Meine Freunde, meine Nachbarn und du, der du jeden Tag an meinem Gartentor vorüber kommst, lasst mich zu euch sprechen, während ihr noch schlaft! Ich möchte unverhüllt und ungehindert im Tal eurer Träume umher gehen, denn unaufmerksam und achtlos sind die Stunden eures Wachens und taub eure lärmbelasteten Ohren.

Lange und übermäßig habe ich euch geliebt!

Jeden Einzelnen von euch liebe ich, als ob er alle zusammen wäre, und euch alle liebe ich, als ob ihr einer wäret. Im Frühling meines Lebens sang ich in euren Gärten, und im Sommer meines Herzens hütete ich eure Tennen.

Ja, ich liebte euch alle, den Riesen ebenso wie den Zwerg, den Aussätzigen nicht weniger als den Gesalbten und den, der im Dunkeln seinen Weg ertastet ebenso wie denjenigen, der auf den Berggipfeln tanzt.

Fliesenmuster mit zwölfzackigen Sternen aus der Jamia-Moschee, erbaut in Thatta, Indien, von Shah Jahan (Regierungszeit 1627–1658).

Dich, den Starken, liebte ich, obgleich man noch die Narben in meinem Fleisch sieht, die von deinen Eisenhufen herrühren, und dich, den Schwächling, liebte ich, obwohl du meinen Glauben oft auf die Probe gestellt und meine Geduld überbeansprucht hast.

Dich, den Reichen, habe ich geliebt, wenn auch dein Honig meinem Mund bitter schmeckte, und dich, den Armen, obwohl du meine Scham angesichts meiner leeren Hände kennst.

Dich, den Sänger mit der geborgten Laute und den ungeübten Fingern, dich liebte ich in meiner Nachsicht ebenso wie den Gelehrten, der die Friedhöfe nach vermoderten Leichentüchern absucht.

Dich, den Priester, liebte ich, der im Schweigen von Gestern wohnt und das Schicksal des Morgen befragt.

Euch alle liebte ich, die ihr Götter verehrt, die das Spiegelbild eurer Wünsche und Sehnsüchte sind.

Dich, die dürstende Frau, deren Becher immer voll ist, liebte ich im Einverständnis, und dich, die Frau schlafloser Nächte, habe ich voll Mitleid geliebt.

Dich, den Redseligen, liebte ich, indem ich mir sagte: „Das Leben hat viel zu erzählen!" Und dich, den Schweigsamen, habe ich geliebt, indem ich dachte: „Drückt er nicht durch sein Schweigen aus, was ich gerne in Worten hören würde?"

Sogar dich, den Richter und Kunstkritiker, liebte ich, wenn ich auch nie vergesse, was du sagtest, als du mich gekreuzigt sahst, nämlich: „Sein Blut tropft im Takt, und das Muster, das sein vergossenes Blut auf seine Haut zeichnet, ist schön anzusehen!" Ja, ich habe euch alle geliebt, die Jungen und die Alten, das zitternde Rohr und die Eiche.

Doch das Übermaß meiner Liebe bewirkte, dass ihr euch von mir abwandtet. Ihr wolltet die Liebe schluckweise aus einem Becher trinken und nicht von der sprudelnden Quelle. Ihr wolltet das sanfte Geflüster der Liebe hören, wenn sie aber schreit, dann haltet ihr euch die Ohren zu.

Weil ich euch alle ohne Ausnahme und ohne Unterschied liebte, habt ihr gesagt: „Sein Herz ist zu willfährig und seine Pfade zu unentschieden. Seine Liebe ist die eines Anspruchslosen, der sich mit Brosamen zufrieden gibt, selbst wenn er an einer königlichen Tafel sitzt. Es ist die Liebe eines Schwächlings, denn die Starken lieben nur ihresgleichen."

Weil ich euch so übermäßig liebte, sagtet ihr euch: „Seine Liebe ist die Liebe eines Blinden, der nicht unterscheiden kann zwischen der Schönheit des Einen und der Hässlichkeit des Anderen. Es ist die Liebe eines Menschen, der keinen Geschmack hat und der Essig für Wein hält. Auch ist es die Liebe eines aufdringlichen und anmaßenden Menschen, denn welcher Fremde sollte uns wie Mutter oder Vater, wie Schwester oder Bruder lieben?"

Dies sagtet ihr und noch mehr! Oft zeigtet ihr auf dem Marktplatz mit den Fingern auf mich und spottetet: „Da geht er, der kein Alter kennt, der Mann ohne Jahreszeiten, der um die Mittagszeit mit unseren Kindern spielt und abends mit den Ältesten zusammensitzt und Weisheit und Verständnis vorgibt."

Da sagte ich mir: „Ich will sie mehr lieben, ja noch mehr lieben! – Aber ich will meiner Liebe den Anschein des Hasses geben und meine Zärtlichkeit hinter Strenge verbergen; ich werde mir eine eiserne Maske anlegen, und ich werde sie nur noch in dieser Tarnung aufsuchen!"

Von da an lenkte ich euch mit fester Hand, und wie nächtlicher Sturm dröhnte meine Stimme in euren Ohren.

In aller Öffentlichkeit schimpfte ich euch Heuchler und Schwindler.

Die Kurzsichtigen unter euch bezeichnete ich als blinde Fledermäuse, und diejenigen, welche die Erde liebten, als geistlose Maulwürfe.

Die Redegewandten nannte ich doppelzüngig, die Schweigsamen mundfaul und die Einfältigen schimpfte ich Todgeweihte, die sich gegen den Tod nicht wehren.

Den Weltklugen warf ich vor, den Heiligen Geist zu beleidigen, und die Frommen bezeichnete ich als Schattenfänger, die ihre Netze in trübes Wasser auswerfen und nichts als ihr eigenes Bild einfangen.

Auf diese Weise verurteilte ich euch alle mit meinen Lippen, während mein Herz blutete und euch mit zärtlichen Namen rief.

Es war meine von euch verspottete und verhöhnte Liebe, die so sprach. Es war der halb erschlagene Stolz, der noch im Staub zuckte. Es war mein Hunger nach eurer Liebe, der euch in aller Öffentlichkeit verurteilte, während meine Liebe zu euch schweigend auf den Knien lag und euch um Verzeihung bat.

Und siehe da, ein Wunder geschah!

Meine Maskierung öffnete eure Augen und mein zur Schau gestellter Hass weckte die Liebe in euren Herzen.

Und nun liebt ihr mich!

Denn ihr liebt die Schwerter, die euer Fleisch durchbohren, und die Pfeile, die in eure Brust dringen. Es gelüstet euch danach, verwundet zu werden, und ihr seid erst berauscht, wenn ihr von eurem eigenen Blut trinkt.

Wie Motten, die die Vernichtung in den Flammen suchen, so versammelt ihr euch täglich in meinem Garten. Mit erhobenen Gesichtern und begeisterten Blicken seht ihr zu, wie ich niederreiße, was ihr am Tag aufgebaut habt! Und flüsternd sagt ihr untereinander: „Er sieht im Lichte Gottes! Er spricht wie unsere alten Propheten! Er enthüllt das Innerste unserer Seelen und legt unsere Herzen bloß! Wie der Adler die Wege der Füchse kennt, so kennt er unsere Wege." Ja, ich kenne eure Wege, aber so wie der Adler die Wege seiner Jungen kennt. Zu gerne würde ich euch in mein Geheimnis einweihen. Aber da ich eure Nähe brauche, täusche ich Entfremdung und Gleichgültigkeit vor. Aus Furcht vor der Ebbe eurer Liebe richte ich vor den Fluten meiner Liebe Dämme auf."

Nach diesen Worten bedeckte der Vorbote sein Gesicht mit den Händen und weinte bitterlich. Denn er wusste in seinem Herzen, dass die Liebe, die sich ihrer Blöße wegen demütigen lässt, größer ist als die Liebe, die ihrer Verstellung und Maskierung wegen triumphiert; und er war beschämt.

Nach einer Weile erhob er plötzlich seinen Kopf, und wie jemand, der aus dem Schlaf erwacht, streckte er seine Arme aus und sprach:

„Die Nacht ist vorüber, und wir Kinder der Nacht müssen sterben, wenn die Morgendämmerung anbricht und über die Hügel hüpft. Und aus unserer Asche wird sich eine größere Liebe erheben. Sie wird der Sonne ins Gesicht lachen, und sie wird unsterblich sein."

Siebenmal habe ich meine Seele verachtet

Immer wandere ich auf diesen Stränden, zwischen Sand und Schaum.

Die Flut wird meine Fußstapfen auslöschen und der Wind den Schaum fortblasen.

Aber das Meer und der Strand werden übrigbleiben.

Ewig.

Einmal füllte ich meine Hand mit Nebel.

Dann öffnete ich sie, und siehe, der Nebel wurde zu einem Wurm.

Und ich schloss und öffnete meine Hand abermals, und siehe da, da war es ein Vogel.

Und wieder schloss und öffnete ich meine Hand, und in ihrer Vertiefung stand ein Mensch mit traurigem Gesicht, nach oben gerichtet.

Und noch einmal schloss ich meine Hand, und als ich sie öffnete, war darin nichts als Nebel.

Doch ich hörte einen überaus lieblichen Gesang.

Es war gestern, als ich mich selbst als ein Bruchstück dachte, ohne Rhythmus in der Lebenssphäre zitternd.

Heute weiß ich, dass ich die Sphäre bin und sich das ganze Leben in rhythmischen Bruchstücken in mir bewegt.

Sie sagen mir bei ihrem Erwachen: „Du und die Welt, in der du lebst, seid nur ein Sandkorn an dem unendlichen Strand eines unendlichen Meeres."

Und in meinem Traum antwortete ich ihnen: „Ich bin das unendliche Meer, und alle Lebewesen sind nur Sandkörner an meinem Strand."

Nur einmal machte man mich stumm. Es war, als mich jemand fragte: „Wer bist du?"

Der erste Gedanke Gottes war ein Engel.

Das erste Wort Gottes war ein Mensch.

Wir waren unruhige, unstete, sehnsüchtige Kreaturen, Millionen Jahre bevor uns das Meer und der Wind im Walde Worte gab.

Nun, wie können wir das Alter der Tage in uns ausdrücken, nur mit dem Klang vergangener Zeiten?

Die Sphinx sprach nur einmal, und sie sagte: „Ein Sandkorn ist eine Wüste, und eine Wüste ist ein Sandkorn; und nun lasst uns wieder schweigen."

Ich hörte die Sphinx, aber ich verstand sie nicht.

Lange lag ich im Staub Ägyptens, schweigend und ohne Kenntnis der Jahreszeiten.

Dann gebar mich die Sonne, und ich stand auf und wanderte an den Ufern des Nils,

singend mit den Tagen und träumend mit den Nächten.

Und jetzt tritt die Sonne mit tausend Füßen auf mir

herum, um mich wieder in den Staub Ägyptens zurück zu legen.

Aber siehe, welch Wunder und Rätsel.

Dieselbe Sonne, die mich zusammenfügte, kann mich nicht auseinander streuen.

Noch immer bin ich aufrecht, und sicheren Fußes wandere ich an den Ufern des Nils.

Erinnerung ist eine Form der Begegnung.

Vergesslichkeit ist eine Form der Freiheit.

Wir messen die Zeit nach der Bewegung unzähliger Sonnen; und jene messen die Zeit mit kleinen Maschinen in ihren kleinen Taschen.

Nun sage mir, wie können wir uns jemals am gleichen Platz und zur gleichen Zeit treffen?

Es gibt keinen Raum zwischen der Erde und der Sonne für denjenigen, der aus den Fenstern der Milchstraße heruntersieht.

Die Menschheit ist ein Fluss des Lichtes, der aus der Endlichkeit zur Unendlichkeit fließt.

Beneiden nicht die im Äther wohnenden Geister den Menschen um seinen Schmerz?

Auf dem Weg zur heiligen Stadt traf ich einen anderen Pilger und fragte ihn: „Ist dieses wirklich der Weg zur heiligen Stadt?“

Und er sagte: „Folge mir, und du wirst die heilige Stadt in einem Tag und in einer Nacht erreichen."

Und ich folgte ihm. Wir wanderten viele Tage und Nächte, ohne die heilige Stadt zu erreichen. Und was mich überraschte: er wurde böse auf mich, weil er mich irregeleitet hatte.

Mache mich, o Gott, zur Beute des Löwen, ehe du das Kaninchen zu meiner Beute machst.

Nur auf dem Pfad der Nacht erreicht man die Morgenröte.

Mein Haus sagte zu mir: „Verlass mich nicht, denn hier wohnt deine Vergangenheit."

Und die Straße sagte zu mir: „Komm und folge mir, denn ich bin deine Zukunft."

Und ich sage zu beiden, zu meinem Haus und zu der Straße: „Ich habe weder Vergangenheit noch habe ich Zukunft. Wenn ich hier bleibe, ist ein Gehen in meinem Verweilen; und wenn ich gehe, ist ein Verweilen in meinem Gang.

Nur Liebe und Tod ändern die Dinge."

Wie kann ich den Glauben an die Gerechtigkeit im Leben verlieren, wenn die Träume derer, die auf Federn schlafen, nicht schöner sind als die Träume derer, die auf der Erde schlafen?

Seltsam, das Verlangen nach bestimmten Vergnügen ist ein Teil meiner Schmerzen.

Siebenmal habe ich meine Seele verachtet:

Das erste Mal, als ich sie sanftmütig sah, damit sie Größe erreichte.

Das zweite Mal, als ich sie vor den Verkrüppelten hinken sah.

Das dritte Mal, als sie zwischen Schwerem und Leichtem wählen konnte und sie das Leichte wählte.

Das vierte Mal, als sie ein Unrecht beging und sich selbst damit tröstete, dass andere ebenfalls Unrecht begehen.

Das fünfte Mal, als sie etwas aus Schwäche unterließ und ihrer Ausdauer Stärke zuschrieb.

Das sechste Mal, als sie die Hässlichkeit eines Gesichtes verachtete und nicht wusste, dass es eine ihrer eigenen Masken war.

Und das siebente Mal, als sie einen Lobgesang anstimmte und es für Kunst hielt.

Liebe und Freundschaft

Ein Dichter ist ein entthronter König, der zwischen der Asche seines Palastes sitzt und versucht, ein Selbstbildnis aus der Asche zu gestalten.

Dichtung ist ein Anteil an Freude und Schmerz und Wunder, mit ein paar Zutaten aus dem Wörterbuch.

Vergeblich wird ein Dichter die Mutter der Lieder seines Herzens suchen.

Ich sagte einmal zu einem Dichter: „Wir werden deine Worte nicht zu schätzen wissen, bevor du stirbst."
Und er antwortete und sagte: „Ja, der Tod ist immer eine Offenbarung. Und wenn du wirklich meinen Wert wissen willst, ist es, dass ich mehr in meinem Herzen habe als auf meiner Zunge und mehr in meinem Verlangen als auf meiner Hand."

Wenn du von Schönheit singst, obwohl du allein im Herzen der Wüste bist, wirst du Gehör finden.

Dichtung ist Weisheit, die das Herz entzückt.
Weisheit ist Dichtung, die in der Seele singt.
Wenn wir das Herz eines Menschen entzücken und zur gleichen Zeit in seiner Seele singen könnten, dann würden wir wirklich im Schatten Gottes leben.

Höhere Eingebung will stets nur singen und niemals erklären.

Wir singen oft Wiegenlieder für unsere Kinder, damit wir selbst schlafen können.

All unsere Worte sind nur Brosamen, die vom Festmahl unseres Geistes herunterfallen.

Das Denken ist immer der Stein des Anstoßes für die Dichtkunst.

Der ist ein großer Sänger, der von unserem Schweigen singt.

Wie kannst du singen, wenn dein Mund mit Speise gefüllt ist?
Wie sollte deine Hand zum Segen erhoben sein, wenn sie mit Gold gefüllt ist?

Man sagt, dass die Nachtigall ihre Brust mit einem Dorn durchdringt, wenn sie ein Liebeslied singt.
Wir tun das alle. Wie sonst könnten wir singen?

Genialität ist nur das Lied eines Rotkehlchens am Beginn eines langsam werdenden Frühlings.

Sogar ein höchst beflügelter Geist kann die physische Notwendigkeit nicht umgehen.

Ein Wahnsinniger ist nicht weniger ein Musiker als du und

ich; nur das Instrument, auf dem er spielt, ist ein bisschen verstimmt.

Das Lied, das ruhig im Herzen einer Mutter liegt, singt auf den Lippen ihres Kindes.

Kein Sehnen bleibt unerfüllt.

Niemals habe ich mich mit meinem anderen Selbst gänzlich vertragen. Der wahre Grund scheint zwischen uns zu liegen.

Dein anderes Selbst ist immer um dich bekümmert. Deine andere Hälfte jedoch wächst auf der Sorge; damit ist alles gut.

Es gibt keine Anstrengung der Seele und des Körpers außer im Geist derjenigen, deren Seelen schlafen und deren Körper verstimmt sind.

Wenn du die Mitte des Lebens erreichst, wirst du Schönheit in allen Dingen finden, sogar in den Augen, die blind für das Schöne sind.

Wir leben nur, um Schönheit zu entdecken. Alles andere ist eine Art des Wartens.

Säe ein Samenkorn in die Erde, und sie wird dir eine Blume hervorbringen. Träume deinen Traum zum Himmel, und er wird dir deine Geliebte bringen.

Der Teufel starb gerade an dem Tag, an dem du geboren wurdest.

Nun musst du nicht mehr durch die Hölle gehen, um einen Engel zu treffen.

Viele Frauen leihen sich das Herz eines Mannes; sehr wenige können es in Besitz nehmen.

Wenn du besitzen willst, darfst du nicht beanspruchen.

Wenn die Hand eines Mannes die Hand einer Frau berührt, berühren sie beide das Herz der Ewigkeit.

Liebe ist der Schleier zwischen Liebenden.

Jeder Mann liebt zwei Frauen; die eine ist die Schöpfung seiner Einbildungskraft, und die andere ist noch nicht geboren.

Männer, die den Frauen nicht ihre kleinen Fehler vergeben, werden sich niemals an ihren großen Tugenden erfreuen.

Liebe, die sich nicht jeden Tag selbst erneuert, wird eine Gewohnheit und dann Sklaverei.

Liebende umarmen das, was zwischen ihnen liegt, eher als einander.

Liebe und Zweifel sind niemals nur oberflächlich bekannt gewesen.

Liebe ist ein Wort des Lichtes, geschrieben von einer Hand des Lichtes, auf einer Seite des Lichtes.

Freundschaft ist immer eine angenehme Verantwortung, niemals eine günstige Gelegenheit.

Wenn du deinen Freund nicht bedingungslos verstehst, wirst du ihn niemals verstehen.

Dein strahlendstes Gewand ist aus der Weberei eines anderen Menschen;
dein schmackhaftestes Mahl ist jenes, das du am Tisch eines anderen Menschen isst;
dein bequemstes Bett steht im Haus eines anderen Menschen.
Nun sage mir, wie kannst du dich von den anderen Menschen absondern?

Dein Verstand und mein Herz werden sich niemals einigen, bis dein Verstand aufhört, in Zahlen zu leben und mein Herz im Dunkel.

Wir werden niemals einander verstehen, bis wir die Sprache auf sieben Worte reduzieren.

Geheimnisse des Lebens

Wir würden vor dem Glühwürmchen ebenso ehrfürchtig stehen wie vor der Sonne, wenn wir nicht an unsere Vorstellung von Gewicht und Maß gebunden wären.

Ein Gelehrter ohne Vorstellungskraft ist ein Metzger mit stumpfen Messern und abgenutztem Schleifstein.
Aber was möchtest du, da wir nicht alle Vegetarier sind?

Wenn du singst, hört dich der Hungrige mit seinem Magen.

Der Tod ist nicht näher bei den Bejahrten als bei den Neugeborenen; das Leben auch nicht.

Wenn du aufrichtig sein musst, sei in Schönheit aufrichtig; sonst halte dich still, weil ein Mann in deiner Nachbarschaft ist, der gerade stirbt.

Möglicherweise ist ein Begräbnis unter Menschen ein Hochzeitsfest unter Engeln.

Eine vergessene Wirklichkeit mag sterben und in ihrem Testament siebentausend Wirklichkeiten und Fakten hinterlassen, die bei ihrem Begräbnis und dem Bau eines Grabes verwendet werden.

In Wahrheit reden wir nur zu uns selbst, aber manchmal reden wir laut genug, damit andere uns hören können.

Klar ist das, was nie gesehen wurde, bis jemand es einfach ausspricht.

Wenn die Milchstraße nicht in mir wäre, wie sollte ich sie gesehen oder wie gekannt haben?

Wenn ich nicht ein Arzt unter Ärzten bin, würden sie nicht glauben, dass ich Astronom bin.

Vielleicht ist die Perle für das Meer die Beschreibung einer Muschel.
Vielleicht ist der Diamant für die Zeit die Beschreibung von Kohle.

Ruhm ist der Schatten einer Leidenschaft, die im Licht steht.

Eine Wurzel ist eine Blume, die Ruhm verachtet.

Schönheit überragt Religion und Wissenschaft.

Jeder große Mensch, den ich kannte, hatte etwas Kleines in seiner Aufmachung; und es war das kleine Etwas, das Untätigkeit, Wahnsinn oder Selbstmord verhütete.

Der wahrhaft große Mensch ist der, der niemanden beherrscht und der von niemandem beherrscht wird.

Ich glaube nicht, dass der Mensch einfach mittelmäßig ist, weil er die Verbrecher und die Propheten tötet.

Toleranz ist Liebe, belastet mit der Krankheit des Hochmuts.

Die Würmer werden sich drehen; aber ist es nicht seltsam, dass sogar Elefanten sich fügen werden?

Ich bin die Flamme, und ich bin der trockene Busch; ein Teil von mir verzehrt den anderen.

Wir alle suchen den Gipfel des heiligen Berges, aber wäre unser Weg nicht kürzer, wenn wir die Vergangenheit für eine Karte und nicht für einen Führer hielten?

Weisheit hört auf, Weisheit zu sein, wenn sie zu stolz wird, um zu weinen, zu ernst, um zu lachen, und zu sehr von sich eingenommen, um anderes zu sehen als sich selbst.

Hätte ich mich voll gestopft mit allem, was du weißt, welchen Raum würde ich für alles, was du nicht weißt, haben?

Ich habe Schweigen von den Beredsamen gelernt, Toleranz von den Intoleranten und Freundlichkeit von den Unfreundlichen; doch seltsam, ich bin diesen Lehrern nicht dankbar.

Ein Frömmler ist ein stocktauber Redner.

Das Schweigen des Neidischen ist zu geräuschvoll.

Wenn du das Ende von dem erreichst, was du wissen solltest, stehst du am Anfang dessen, was du fühlen solltest.

Eine Übertreibung ist eine Wahrheit, die ihre Ruhe verloren hat.

Wenn du nur das siehst, was das Licht offenbart, und nur das hörst, was der Schall verkündet, dann kannst du in Wahrheit nicht sehen, nicht hören.

Eine Tatsache ist eine Wahrheit, die des Geschlechtes beraubt ist.

Du kannst nicht zur gleichen Zeit lachen und unfreundlich sein.

Meinem Herzen am nächsten ist ein König ohne Königreich und ein armer Mann, der nicht weiß, wie man bettelt.

Ein schüchternes Versagen ist edler als ein anmaßender Erfolg.

Grabe irgendwo in der Erde, und du wirst einen Schatz finden, nur musst du mit dem Vertrauen eines Bauern graben.

Es sagte ein gejagter Fuchs, der von zwanzig Reitern und einer Meute von zwanzig Hunden verfolgt wurde: „Natürlich werden sie mich töten. Aber wie arm und dumm müssen sie sein. Sicher wäre es wertlos für zwanzig Füchse, die auf zwanzig Eseln reiten und von zwanzig Wölfen unterstützt werden, einen einzigen Mann zu jagen und zu töten."

Es ist der Verstand in uns, der sich den Gesetzen fügt, die wir gemacht haben, aber niemals der Geist in uns.

Ich bin ein Reisender und ein Seefahrer, und jeden Tag entdecke ich eine neue Region in meiner Seele.

Eine Frau sagte protestierend: „Natürlich war es ein gerechter Krieg. Mein Sohn fiel dabei."

Ich sagte zum Leben: „Ich möchte den Tod sprechen hören." Und das Leben redete ein wenig lauter und sagte: „Jetzt hörst du ihn."

Wenn du alle Geheimnisse des Lebens gelöst hast, sehnst du dich nach dem Tod, denn er ist nur ein anderes Geheimnis des Lebens.

Geburt und Tod sind die beiden edelsten Ausdrücke für Tapferkeit.

Mein Freund, du und ich werden Fremde für das Leben bleiben,
füreinander und jeder für sich selbst,
bis zu dem Tag, an dem du reden wirst und ich hören werde,
deine Stimme für meine eigene haltend;
und wenn ich vor dir stehen werde
in der Meinung, ich selbst stünde vor einem Spiegel.

Man sagte mir: „Solltest du dich selbst kennen, würdest du alle Menschen kennen."
Und ich sagte: „Nur wenn ich alle Menschen suche, werde ich mich selbst kennen."

Alter Wein

Es lebte einmal ein alter Mann, der zu recht stolz war auf seinen Weinkeller und den darin gelagerten Wein. Besonders stolz war er auf einen Krug eines sehr alten, kostbaren Weines, den er für eine besondere Gelegenheit aufbewahrte.

Als der Gouverneur ihn eines Tages besuchte, sagte er sich: „Dieser Krug ist zu schade für einen einfachen Gouverneur."

Auch als der Bischof der Diözese ihm einen Besuch abstattete, dachte er bei sich: „Nein, ich werde den Krug nicht öffnen! Er wird den Wert des Weines nicht ermessen und sein Aroma nicht zu schätzen wissen."

Und als der Prinz des Königreichs zum Essen bei ihm war, dachte er: „Mein Wein ist zu königlich für einen einfachen Prinzen."

Sogar an dem Tag, als sein Neffe heiratete, sagte er zu sich: „Nein, all diesen Gästen will ich meinen Wein nicht anbieten."

So vergingen die Jahre, und er starb, und wie jede Saat wurde er der Erde anvertraut. Am Tag seiner Beerdigung holte man den Krug mit dem kostbaren alten Wein mit allen anderen Weinkrügen aus dem Keller und kredenzte ihn den Bauern der Umgebung. Und keiner von ihnen bemerkte das hohe Alter oder das besondere Aroma dieses kostbaren Weines. Für sie war alles, womit man ihre Gläser füllte, Wein – ein Wein wie jeder andere.

Mann mit Weinflasche. Wandbild im Palast Tschehel Sotun des safawidischen Herrschers Shah Abbas II. in Isfahan, Iran.

Die taube Frau

Einst lebte ein reicher Mann mit seiner jungen Frau, die taub war wie ein Stein. Als sie eines Morgens beim Frühstück saßen, sagte die junge Frau: „Gestern sah ich auf dem Marktplatz seidene Gewänder aus Damaskus, Tücher aus Indien, Halsketten aus Persien und Armbänder aus Yamman. Es scheint, dass die Karawanen all dies erst kürzlich in unsere Stadt brachten. Und sieh mich an: Ich bin die Frau eines reichen Mannes und laufe in Lumpen herum! Ich möchte mir einige dieser schönen Dinge kaufen."

Der Mann sagte, während er seinen Morgenkaffee trank: „Meine Liebe, es gibt keinen Grund, warum du nicht auf den Markt gehen solltest, um alles zu kaufen, was dein Herz begehrt."

„Nein! Nein!", erwiderte die taube Frau. „Immer sagst du nur ‚nein'! Soll ich bei unseren Freunden in abgetragenen Kleidern erscheinen und deinen Wohlstand und meine Familie beschämen?"

Der Mann entgegnete: „Ich sagte nicht ‚nein'. Geh ruhig auf den Markt und kauf dir die schönsten Gewänder und den kostbarsten Schmuck von all dem, was in unsere Stadt gebracht wurde."

Wieder missdeutete die Frau seine Antwort und sagte: „Von allen Reichen der Stadt bist du der geizigste. Du verwehrst

Ein bunter Satin-Kaftan, angefertigt für den Hof des osmanischen Sultans Ibrahim I. (Regierungszeit 1640–1648).

mir alles, was schön und begehrenswert ist; die anderen Frauen meines Alters spazieren in den kostbarsten Gewändern durch die Gärten der Stadt."

Sie begann zu weinen. Und unter Tränen wiederholte sie: „Immer sagst du ‚nein', wenn ich mir ein Gewand oder ein Schmuckstück wünsche!"

Ihr Mann war sehr gerührt. Er stand auf, nahm eine Handvoll Gold aus seinem Geldschrank, legte es vor sie hin und sagte freundlich: „Geh auf den Markt, meine Liebe, und kauf dir alles, was dein Herz begehrt."

Von diesem Tag an erschien die taube, junge Frau immer

mit Tränen in den Augen vor ihrem Mann, wenn sie etwas zu haben wünschte, und er legte ihr dann schweigend eine Hand voll Gold in den Schoß.

Da geschah es, dass die junge Frau sich in einen Jüngling verliebte, der lange Reisen zu unternehmen pflegte. Und immer, wenn er auf Reisen war, saß sie an ihrem Fenster und weinte.

Und wenn ihr Mann sie so weinen sah, sagte er sich: „Sicher sind neue Karawanen in der Stadt eingetroffen mit seidenen Kleidern und kostbaren Juwelen."

Und er nahm eine Hand voll Gold aus seinem Geldschrank und legte es vor sie hin.

Der Fluss

Im Kadischa-Tal, durch das ein breiter Fluss strömt, unterhielten sich zwei Seitenarme des Flusses miteinander.

„Wie kamst du hierher, und wie war dein Weg", fragte der eine.

„Mein Weg war sehr beschwerlich", antwortete der andere. „Ein gebrochenes Mühlrad lag im Weg, und der Bauer, der mich aus meinem Bett auf die Felder zu leiten pflegte, ist gestorben. Ich musste dagegen kämpfen, im Schmutz derjenigen zu versickern, die den ganzen Tag faul in der Sonne liegen. Und wie war dein Weg, mein Bruder?"

„Mein Weg war ganz anders als deiner", war die Antwort. „Er führte den Berg hinab durch duftende Blumenfelder, vorbei an scheuen Weiden. Männer und Frauen tranken von meinem Wasser aus silbernen Schalen, und kleine Kinder plantschten mit ihren rosigen Füßchen an meinen Ufern. Um mich herum gab es nur Fröhlichkeit und Gesang. Wie schade, dass dein Weg nicht so erfreulich war wie der meine!"

In diesem Augenblick rief der breite Strom: „Herein, kommt herein, wir fließen bald ins Meer! Kommt herein und hört auf zu reden! Bleibt jetzt bei mir, denn wir münden bald ins Meer! Kommt herein, und bei mir werdet ihr eure Wanderwege vergessen, egal ob sie erfreulich oder beschwerlich waren! Kommt herein, ihr und ich, wir alle werden unsere Wege vergessen, wenn wir das Meer erreichen – das Herz unserer Mutter."

Zeittafel

1883 – Gibran Khalil Gibran, der unter dem Namen Khalil Gibran bekannt wurde, wird am 6. Januar 1883 in Becharré im Libanon geboren.

1895 – Gibran emigriert mit seiner Familie in die Vereinigten Staaten.

1904 – Am 30. April 1904 werden seine Zeichnungen in Boston ausgestellt.

1905 – Sein Erstlingswerk *al-Musiqa (Die Musik)* erscheint.

1908 – Gibran studiert in Paris.

1911 – Gibran zieht ins Greenwich Village, New York.

1912 – *al-'Ajniha al-Mutakassira* (*Gebrochene Flügel*) wird unter großem Beifall in der arabischen Welt publiziert.

1914 – Seine erste große Ausstellung in der Montross Gallery in New York wird eröffnet.

1918 – *Der Narr*, sein erstes Werk in englischer Sprache, wird veröffentlicht.

1920 – *al-Rabita al-Qalamiyyah-Arrabitah* (der PEN-Verband) wird von Gibran und sieben weiteren in New York lebenden arabischen Schriftstellern gegründet und leitet eine Renaissance der arabischen Literatur ein. *Der Vorbote* erscheint in New York.

1923 – *Der Prophet* wird in New York herausgegeben.

1928 – *Jesus Menschensohn* kommt in New York in den Buchhandel.

1930 – *Die Götter der Erde* und *Der Wanderer* werden in New York veröffentlicht.

1931 – Gibran stirbt am 10. April 1931 im St. Vincent's Hospital in New York im Alter von achtundvierzig Jahren.

Weiterführende Literatur

Bühler, Jonas. *Die letzte Reise des Propheten: was Khalil Gibran zu erzählen vergaß*. Benziger: Düsseldorf; Zürich, 2000.

Bushrui, Suheil und Munro J. M. (Hg.) *Kahlil Gibran: Essays and Introductions*. Rihani House: Beirut, 1970.

Bushrui, Suheil und Mutlak A. (Hg.) *In Memory of Kahlil Gibran: The First Colloquium on Gibran Studies*. Librairie du Liban: Oxford, 1981.

Bushrui, Suheil. *Kahlil Gibran of Lebanon: A Re-evaluation of the Life and Work of the Author of The Prophet*. C. Smythe: Gerrard's Cross, 1987.

Bushrui, Suheil und al-Kuzbari, Salma Haffa (Übers. und Hg.). *Gibran Love Letters*. Oneworld: Oxford, 1995.

Bushrui, Suheil und Jenkins, Joe. *Kahlil Gibran, Man and Poet: A New Biography*. Oneworld: Oxford, 1998.

Dahdah, Jean-Pierre. *Khalil Gibran: eine Biographie*. Aus dem Franz. übertr. von Ursula Assaf-Nowak. Walter: Zürich; Düsseldorf, 1997.

Ghougassian, J. P. *Kahlil Gibran: Wings of Thought*. Philosophical Library: New York, 1973.

Gibran, J. und K. *Kahlil Gibran: His Life and World*. New York Graphic Society: Boston, 1974.

Hawi, K. S. *Khalil Gibran: His Background, Character and Works*. American University of Beirut: Beirut, 1972.

Hilu, V. (Hg.) *Beloved Prophet: The Love Letters of Kahlil Gibran and Mary Haskell and her Private Journal*. Alfred A. Knopf: New York, 1972.

Kheirallah, G. „The Life of Gibran Khalil Gibran" in *The Procession*. Philosophical Library: New York, 1958.

Naimy, Mikhail. *Kahlil Gibran: A Biography*. Philosophical Library: New York, 1985.

Najjar, Alexandre. *Khalil Gibran*. Übertr. von Heribert Becker. Schiler: Berlin, 2007.

Otto, A. S. *The Parables of Kahlil Gibran*. Citadel Press: New York, 1963.

Wolf, M. L. Preface to *Secrets of The Heart* by Kahlil Gibran. Signet: New York, 1965.

Young, Barbara. *Kahlil Gibran: die Biographie*. Dt. Übers.: Petra Michel. Aquamarin: Grafing, 1992

Werke Gibrans in arabischer Sprache

Die Musik und Der Reigen. Aus dem Arab. übertr. von Ursula Assaf-Nowak und S. Yussuf Assaf. Mit Bildern von Françoise Girardot Hiestand, Walter: Zürich; Düsseldorf, 1998 [dt. Ausgabe der Titel *al-Musiqa* (1905) und *al-Mawakib* (1919)].

Gebrochene Flügel. Die Übers. aus d. Arab. besorgten Ursula Assaf-Nowak u. Simon

Yussuf Assaf. Walter: Olten; Freiburg (im Breisgau), 1985 [dt. Ausgabe des Titels *al-'Ajniha al-Mutakassira* (1912)].

Rebellische Geister: Geschichten. Die Übers. aus d. Arab. besorgten Ursula Assaf-Nowak u. Simon Yussuf Assaf. Walter: Olten; Freiburg (im Breisgau), 1983 [dt. Ausgabe des Titels *al-'Arwah al-Mutamarrida* (1908)].

Die Stürme. Aus dem Arab. übertr. von Ursula Assaf-Nowak. Walter: Zürich; Düsseldorf, 1996 [dt. Ausgabe des Titels *al-'Awasif* (1920)].

Erde und Seele: ungewöhnliche Weisheiten. Aus dem Arab. übertr. von Yussuf und Ursula Assaf. Walter: Zürich; Düsseldorf, 1996 [dt. Ausgabe des Titels *a-Bada'i' wat-Tara'if* (1923)].

Die Nymphen der Täler: drei Novellen. Aus dem Arab. übertr. von Ursula Assaf-Nowak und S. Yussuf Assaf. Walter: Zürich; Düsseldorf, 1999 [dt. Ausgabe des Titels *'Ara'is al-Murug* (1906)].

Eine Träne und ein Lächeln. Die Übers. aus dem Arab. besorgten Ursula Assaf-Nowak und Simon Yussuf Assaf. Walter: Olten; Freiburg (im Breisgau), 1992 [dt. Ausgabe des Titels *Dam'atun wa-Ibtisama* (1914)].

Werke Gibrans in englischer Sprache

Jesus Menschensohn. Aus d. Engl. übertr. von Ursula Assaf-Nowak. Walter: Olten; Freiburg (im Breisgau), 1988 [dt. Ausgabe des Titels *Jesus, the Son of Man* (1928)].

Die Götter der Erde. Aus dem Engl. übertr. von Ursula Assaf-Nowak. Walter: Solothurn; Düsseldorf, 1993 [dt. Ausgabe des Titels *The Earth Gods* (1930)].

Der Vorbote: Gleichnisse und Gedichte. Aus dem Engl. übertr. von Ursula Assaf-Nowak. Walter: Solothurn; Düsseldorf, 1994 [dt. Ausgabe des Titels *The Forerunner: His Parables and Poems* (1921)].

Die Rückkehr des Propheten. Ill. von Stefanie Nickel. Aus dem Engl. übertr. und mit einem Vorw. von Ursula Assaf-Nowak. Walter: Düsseldorf; Zürich, 2002.

Im Garten des Propheten. Mit Zeichn. d. Autors. Nachw. von Hans Christian Meiser. Aus d. Amerikan. übertr. von Hans Christian Meiser. Goldmann: München, 1986 [dt. Ausgabe des Titels *The Garden of The Prophet* (1931)].

Der Narr: Lebensweisheit in Parabeln. Die Übers. besorgte Florian Langegger. Walter: Olten, Freiburg (im Breisgau), 1975 [dt. Ausgabe des Titels *The Madman* (1918)].

Der Prophet. Aus d. Engl. von Karin Graf. Walter: Olten; Freiburg (im Breisgau), 1973 [dt. Ausgabe des Titels *The Prophet* (1923)].

Sand und Schaum: Aphorismen. Die Übers. besorgte Frank-Roland Pohl, Walter: Olten, Freiburg (im Breisgau), 1976 [dt. Ausgabe des Titels *Sand and Foam* (1926)].

Der Wanderer. Aus dem Engl. übertr. von Ursula Assaf-Nowak. Mit Ill. von Stefanie und Wolfgang Nickel. Walter: Düsseldorf; Zürich, 2002 [dt. Ausgabe des Titels *The Wanderer* (1930)].

Register

Kursive Schlagworte beziehen sich auf Schriften Gibrans.

Alleinsein 170–171
Arbeit 55–57

Bahá, Abdu'l 18
Becharré 7, 8, 20
Bernhardt, Sarah 18
Besitz 47
Boston 9–10

Chesterton, G. K. 18

Debussy, Claude 18
Dichtung 246

Ehe 39–40
Einsamkeit 169–170, 179, 214, 232
Einsiedler, königlicher 226–229
Essen und Trinken 51–52

Freiheit 83–84, 150, 232
Freude und Leid 59–60, 214
Freundschaft 101–102, 246–251

Galsworthy, John 18
Garten des Propheten, Der 19, 20
Geben 47–49, 143, 184–185
  und empfangen 163
Gebet 117–119
Gesetze 79–80
Gibran, Khalil
  Emigration, in die Vereinigten Staaten von Amerika 9
  Geburt 7
  Künstler 9–10
  Letzte Jahre 17–21
  Tod 20
  Werke 11–21
Gibran, Khalil (Vater) 8, 9, 10
Götter der Erde, Die 19
Göttlich 73
Gott 171–173, 192–194
  erkennen 130
Gut und Böse 113–115

Hässlichkeit 164–165
Häuser 63–65
Haskell, Mary 10, 11, 13, 14, 16
Hölle 173

Iram, die Stadt der erhabenen Säulen 16

Jesus Menschensohn 18
Jung, Carl Gustav 18

Kaufen und Verkaufen 69–70
Kinder 43–44
Kleider 67, 173–175

Leben 154–155
  und Tod 170–171
Lehren 99
Libanon 7–9, 11, 17, 20

Liebe 15, 35–37, 109, 224
in der Ehe 39
für die Mitmenschen 234–239
und Freundschaft 101, 246–251
und Leid 35
zur Arbeit 55–57

Maroniten 8, 11
Mensch, sein Wesen 196–199, 206–209, 216–219

Nacht und der Narr 202–205
Nacktheit 175–176
Narr, Der 12, 16
Nebel 150, 187–189
New York 11
New York Times, The 16
Nietzsche, Friedrich 10
Nymphen der Täler, Die 11

Orozco, José Clemente 18

Parasitentum 166–167
Paris 10
Prophet, Der 14–17

Rahmeh, Kamileh (Mutter Gibrans) 8, 9
Rebellische Geister 11
Reden 105–106, 175–176
Religion 129–130
Russell, George (AE) 16

Sand und Schaum 18
Schmerz 91–92
Schönheit 125–127, 177
Schüler 159, 176, 178, 183, 187
Schuld und Sühne 73–77
Seele 95–96, 179
Wesen der 240–245
Selbsterkenntnis 95–96
Sorge 214
Stürme, Die 11
Sufismus 12, 16

Tod 133–134, 186
Träume 158, 163–164

Vereinigte Staaten von Amerika
Kritik an Lebensstil und Politik 157–158
Gibrans Leben 9–20
Vergnügen 121–123
Vernunft und Leidenschaft 87–89
Vorbote, Der 13
Vorboten 220–223

Wanderer, Der 19–20
Wanderer 137
Weisheit 142, 210
Aphorismen 252–257
Weltkrieg, Erster 11, 12
Worte 175–176

Yeats, W. B. 18

Zeit 109–110, 166

Fotonachweis

Der Verlag dankt den nachfolgend aufgeführten Personen, Museen und Bildarchiven für die Genehmigungen zum Abdruck der jeweiligen Vorlagen. Alle Sorgfalt wurde unternommen, um Inhaber von Rechten ausfindig zu machen. Sollte dennoch irgendjemand vergessen worden sein, so bedauern wir dies und werden dies bei entsprechender Benachrichtigung in einer weiteren Auflage korrigieren.

AA = Art Archive, London
AKG = AKG-images, London
BAL = Bridgeman Art Library, London
BL = The British Library, London
BM = © Trustees of the British Museum, London
IOA = Institute of Oriental Art, Chicago
MC = Musée Condé Chantilly
MIK = Museum für Islamische Kunst, Staatliche Museen zu Berlin
ML = Musée du Louvre, Paris
MS = Musée National de Céramique, Sèvres
RMN = Réunion des Musées Nationaux, Paris
TSM = Topkapi Saray Müzesi, Istanbul
V&A = Victoria and Albert Museum/V&A Images, London
WFA = Werner Forman Archive, London

2 V&A; **6** V&A; **26** ML/RMN – ©Jean-Gilles Berizzi; **31** Turkish and Islamic Art Museum Istanbul/AA/A Dagli Orti; **34** Getty/Iconica/Frank Whitney; **38** Photolibrary.com/Nordicphotos/ Bjorn Wiklander; **41** ML/ RMN – ©Hervé Lewandowski; **42** Archaeological Museum, Teheran/WFA; **45** ML/RMN – ©Michel Urtado; **46** Mosaic Museum, Istanbul/WFA; **50** BM; **53** Oriental Museum, Durham University/BAL; **54** Getty/ National Geographic/Richard Olsenius; **58** V&A; **61** MIK/ WFA; **62** Corbis/Christophe Boisvieux; **64** BM; **66** MS/AA/ Dagli Orti; **68** Bibliotheque Nationale, Paris/AKG; **71** Corbis/Farrell Grehan; **72** ML/RMN – ©Hervé Lewandowski; **76** AKG/Stefan Drechsel; **78** ML/RMN – ©Hervé Lewandowski; **81** Corbis/Arthur Thévenart; **82** MC/AA/Dagli Orti; **85** Getty/ Photographer's Choice/Paul Souders; **86** Corbis/Diane Cook & Len Jenshel; **88** MIK/BAL; **90** MIK/WFA; **93** ML/RMN – ©Franck Raux; **94** Corbis/André Burian; **97** Rockefeller Museum (IDAM), Jerusalem/AKG/Erich Lessing; **98**

BL/AA; **100** Getty/ Image Bank/ Loungepark; **103** Musée National de la Renaissance, Ecouen/RMN – ©René-Gabriel Ojéda; **104** MC/ AA/Dagli Orti; **107** MS/RMN – ©Martine Beck-Coppola; **108** Alamy/Ace Stock Ltd; **111** Getty/ Stone/ Bob Stefko; **112** Axiom/ Toby Adamson; **114** IOA/WFA; **116** Corbis/Mark A Johnson; **120** Corbis/Barry Lewis; **124** IOA/ WFA; **126** Corbis/Alison Wright; **128** AKG/Stefan Drechsel; **131** Getty/National Geographic/ Marc Moritsch; **132** ML/RMN – ©Hervé Lewandowski; **135** BM; **136** AKG/Gérard Degeorge; **141** V&A; **144** Getty/Stone/ Pat O'-Hara; **152** ML/RMN – ©Gérard Blot; **157** Golestan Palace Teheran/AA/Dagli Orti; **160** TSM/ BAL; **164** AKG/ Gérard Degeorge; **168** Getty/ Tim Graham; **174** Corbis/Zefa/ SIE Productions; **181** Bodleian Library Oxford (Ousley Add 24 folio91v)/AA; **184** © Suad Al-Attar/BAL/Private collection; **193** Getty/Stone; **195** Private Collection/WFA; **197** V&A; **201** Getty/Lonely Planet Images; **203** Getty/Photographer's Choice/ Frank Cezus; **207** Alamy/ Israel images/Duby Tal/Albatross; **211** Superstock/age fotostock; **213** V&A; **215** BL/AA; **217** Getty/ Stone/David W. Hamilton; **221** Alamy/Jean Dominique Dallet; **222** ML/RMN – ©Hervé Lewandowski; **225** Palace of Chihil Soutoun, Isfahan/AA/Dagli Orti; **227** BL/BAL; **231** ML/RMN – ©Jean-Gilles Berizzi; **233** ML/ RMN – ©Hervé Lewandowski; **235** AKG/Gérard Degeorge; **241** Getty/Panoramic Images; **247** Getty/Stone/Jonathan Nourok; **253** Corbis/Kazuyoshi Nomachi; **259** Alamy/Robert Harding Picture Library Ltd/ Richard Ashworth; **261** TSM/RMN – ©H. Cangökce /C. Cetin; **265** Getty/Riser/Hans Strand.

Danksagung

Der Verlag dankt Professor Suheil Bushrui für seine Ratschläge, Hinweise und Hilfe während der Entstehungsphase dieses Buches. Die deutschen Übersetzungen von Khalil Gibran wurden mit freundlicher Genehmigung des Patmos-Verlages, Düsseldorf, verwendet und sind auf Seite 4 dieses Buches im Einzelnen aufgeführt. Neue Textteile sind die Einleitung, Bildlegenden und Anhänge. Weitere Angaben zum Copyright finden sich auf der Seite 4 des Buches.